Kagekunstens Mesterværker

Hemmelighederne bag Uforglemmelige Smagsoplevelser

Emma Hansen

Indeks

kager med fløde 10

Danske flødetærter 11

Frugttærter 12

genovese kage 14

ingefærkage 15

Tærter med marmelade 16

Pekan tærte 17

Kage med valnødder og æbler 18

Gainsborough Pie 19

Citron tærte 20

Tarteletter med citron 21

Appelsinkage 22

pærekage 23

Kage med pærer og mandler 24

Kongelig kage med rosiner 26

Kage med rosiner og creme fraiche 28

Jordbær kage 29

melasse kage 31

Kage med valnødder og melasse 32

Amish Shoo-flue kage 33

Boston flødeskive 34

Amerikansk hvid bjergkage 35

Amerikansk kærnemælkskage 37

Caribisk kage med ingefær og rom 38

sacher kager 39

Frugtkage med caribisk rom 41

Dansk smørkage 43

kardemomme dansk kage 44

Gâteau Pithiviers 45

Galette Des Rois 46

Karamel creme 47

Gugelhopf 48

Gugelhopf luksuschokolade 50

Stjålet 52

Mandel Stollen 54

Stollen med pistacienødder 56

baklava 58

Ungarske stress hvirvler 59

Panforte 61

kage med dej 62

Italiensk riskage med Grand Marnier 63

Siciliansk svampekage 64

Italiensk Ricotta kage 65

italiensk vermicelli kage 66

Italiensk kage med valnødder og mascarpone 67

hollandsk æblekage 68

enkel norsk kage 69

Norsk kransekake 70

Portugisiske kokosnøddekager 71

Skandinavisk rå kage 72

Sydafrikanske Hertzog-kiks ... 73

baskisk kage ... 74

Mandel- og flødeostprisme ... 76

Dark Forest Gate ... 78

Chokolade og mandel Gâteau ... 79

Gâteau Chokolade Cheesecake ... 80

Gâteau Chokolade ... 82

Carob Mint Gâteau ... 84

Iskaffe port ... 85

Kaffe og valnød ring gâteau ... 86

Dansk chokolade- og flødekage ... 88

frugtkage ... 90

Savarin frugt ... 91

Honningkage Lagkage ... 93

Drue og fersken Gâteau ... 94

Citron Gateau ... 96

Marron Gâteau ... 97

Tusind ark ... 99

Orange Gateau ... 100

Appelsinmarmeladekage i fire faser ... 101

Pecan og daddel Gâteau ... 103

Blomme og kanel Gâteau ... 105

Trimning af Gâteau-laget ... 106

Regnbue stribe kage ... 108

Gâteau St-Honoré ... 110

Jordbær Choux Gâteau ... 112

Jordbær kage ... 113

Malaga-infunderet spansk kage	114
julekage	115
engle mad	116
brombær sandwich	117
Gylden smørkage	118
Alt sammen i én kaffesvamp	119
tjekkisk kiks	120
En simpel honningkage	121
Svamp med citron alt i ét	122
Citron Chiffon kage	123
Citronkage	124
Citron og vanilje kage	125
Madeira kage	126
tusindfryd kage	127
Kage med varm mælk	128
mælkekiks	129
Alt sammen i en mokka svamp	130
muscat kage	131
En alt-i-en orange svamp	132
en fælles kage	133
spansk kiks	134
sejrs sandwich	135
cookie trin for trin	136
kiksemølle	137
schweizerrulle	139
Æblerulle	140
Kastanjerulle	142

Chokolade roulade 144

citronrulle 145

Rul med citron og honning 147

Rul med limemarmelade 149

Rul med citron og jordbær 151

Appelsin og mandel schweizerrulle 153

Strawberry Swiss Roll med Ryg 156

Alt i én chokoladekage 158

Chokolade bananbrød 159

Chokolade mandelkage 160

Mandel Iced Chokoladekage 161

Chokolade englekage 163

amerikansk chokoladekage 165

Æblekage med chokolade 167

Chokolade brigadeiro kage 169

Kage med chokolade og kærnemælk 170

Kage med chokoladestykker og mandler 171

Chokoladecremekage 172

Chokoladekage med dadler 173

Familie chokoladekage 175

Devil's Food kage med skumfidusfrosting 176

Drømme chokoladekage 178

Chokolade Floataway kage 180

Kage med hasselnødder og chokolade 181

Chokoladekage 183

Gâteau Chokolade 185

italiensk chokoladekage 187

Chokolade hasselnødde kage 189

Italiensk kage med chokoladecreme og cognac 191

Chokoladelagkage 192

Fugtig chokoladekage 194

mokka kage 195

Muddertærte 196

Crispy Beef-baseret Mississippi Mud Pie 197

Chokoladekage med valnødder 199

Rig chokoladekage 200

Kage med chokolade, nødder og kirsebær 201

Rom chokoladekage 203

Chokolade sandwich 204

Carob og valnøddekage 205

Rožičs juledagbog 207

spidskommen kage 209

Mandel riskage 210

Ølkage 211

Øl og dadelkage 213

Battenburg kage 214

brød budding 216

Kærnemælk engelsk kage 218

kager med fløde

Gør det 12

225 g/8 oz mørdej

15 ml/1 spsk sukker (superfint).

1 æg, let pisket

150 ml/¼ pt/2/3 kop varm mælk

Knivspids salt

Revet muskatnød til drys

Rul dejen ud og beklæd 12 dybe tærteforme med den. Bland sukkeret i ægget og bland gradvist den varme mælk og salt i. Hæld blandingen i formene (tærteskaller) og drys med muskatnød. Bages i en forvarmet ovn ved 200°C/400°F/gasmærke 6 i 20 minutter. Lad det køle af i formene.

Danske flødetærter

Gør 8

200 g/7 oz/1 kop smør eller margarine mangler

250 g/9 oz/2¼ kopper almindeligt mel (all-purpose)

50 g/2 oz/1/3 kop pulveriseret sukker (flormelis), sigtet

2 æggeblommer

1 mængde dansk flødefyld

Gnid smør eller margarine ind i mel og sukker, indtil blandingen ligner brødkrummer. Tilsæt æggeblommerne, indtil de er godt blandet. Dæk med plastfolie (plastfolie) og stil på køl i 1 time. Rul to tredjedele af dejen (pastaen) ud og beklæd de smurte tærteforme med det. Fyld med cremefyld. Rul den resterende dej ud og skær kagetoppe ud. Fugt kanterne og klem for at forsegle. Bages i en forvarmet ovn ved 200°C/400°F/gasmærke 6 i 15-20 minutter, indtil de er gyldenbrune. Lad det køle af i formene.

Frugttærter

Gør det 12

75 g/3 oz/1/3 kop smør eller margarine, skåret i tern

175 g/6 oz/1½ kopper almindeligt mel (alle formål)

45 ml/3 spsk pulveriseret sukker (superfint)

10 ml/2 tsk revet appelsinskal

1 æggeblomme

15 ml/1 spsk vand

175 g/6 oz/¾ kop flødeost

15 ml/1 spsk mælk

350 g/12 oz blandet frugt såsom halverede druer uden kerner, mandarinskiver, skivede jordbær, brombær eller hindbær

45ml/3 spsk abrikosmarmelade (konserveret), siet

15 ml/1 spsk vand

Gnid smørret eller margarinen ind i melet, indtil blandingen minder om brødkrummer. Bland 30 ml/2 spsk sukker og halvdelen af appelsinskalen. Tilsæt æggeblommen og nok vand til at lave en blød dej. Pak ind i husholdningsfilm (plastfolie) og stil på køl i 30 minutter.

På en let meldrysset overflade rulles dejen ud til en tykkelse på 3 mm/1/8 og beklæd 12 bådformede pander eller tarteletter med den. Dæk med smurt (vokset) papir, fyld med bønner og bag i en forvarmet ovn ved 190°C/375°F/gasmærke 5 i 10 minutter. Fjern papir og bønner og bag i yderligere 5 minutter, indtil de er gyldne. Lad det køle af i formene i 5 minutter, og vend derefter ud på en rist for at køle af.

Pisk osten med mælken, det resterende sukker og appelsinskal, til det er glat. Hæld i forme (tærteskaller) og fordel frugten ovenpå. Opvarm marmelade og vand i en lille gryde, indtil det er godt blandet, og pensl over frugten, så den bliver brun. Afkøl inden servering.

genovese kage

Giver en 23 cm/9 kage

100 g butterdej

50 g/2 oz/¼ kop smør eller margarine, blødgjort

75 g/3 oz/1/3 kop pulveriseret sukker (superfint)

75 g/3 oz/¾ kop hakkede mandler

3 separate æg

2,5 ml/½ tsk vaniljeessens (ekstrakt)

100 g/4 oz/1 kop almindeligt mel (all-purpose)

100 g/4 oz/2/3 kop (flormelis) sukker, sigtet

Saft af ½ citron

Rul dejen ud på en let meldrysset overflade og beklæd en 23 cm/9 bradepande (bageform). Gennembor alt med en gaffel. Pisk smør eller margarine med flormelis til det er lyst og luftigt. Pisk gradvist mandler, æggeblommer og vaniljeessens i. Bland melet. Pisk æggehviderne til de danner faste toppe og bland i blandingen. Læg i en form (tærteskal) og bag i en forvarmet ovn ved 190°C/375°F/gasmærke 5 i 30 minutter. Lad afkøle i 5 minutter. Bland flormelis med citronsaft og fordel ud over kagen.

ingefærkage

Giver en 23 cm/9 kage

225 g/8 oz/2/3 kop gylden sirup (lys majs)

250 ml/8 fl oz/1 kop kogende vand

2,5 ml/½ teskefuld malet ingefær

60 ml/4 spsk finthakket kandiseret (krystalliseret) ingefær

30 ml/2 spsk majsmel (majsstivelse)

15 ml/1 spsk flødepulver

1 basisæske med svampekage

Kog sirup, vand og malet ingefær og tilsæt den krystalliserede ingefær. Bland majsmel og buddingpulver med lidt vand, indtil det danner en pasta, tilsæt derefter ingefærblandingen og kog i et par minutter ved svag varme under konstant omrøring. Hæld fyldet i kagen (skal) og lad den køle af og stivne.

Tærter med marmelade

Gør det 12

225 g/8 oz mørdej

175 g/6 oz/½ kop hel eller hård frugtsyltetøj (på dåse)

Rul dejen ud (pastaen) og beklæd en smurt brødform med den. Fordel marmeladen mellem kagerne og bag dem i en forvarmet ovn ved 200°C/400°F/gasmærke 6 i 15 minutter.

Pekan tærte

Giver en 23 cm/9 kage

225 g/8 oz mørdej

50 g/2 oz/½ kop valnødder

3 æg

225 g/8 oz/2/3 kop gylden sirup (lys majs)

75 g/3 oz/1/3 kop brun farin

2,5 ml/½ tsk vaniljeessens (ekstrakt)

Knivspids salt

Rul dejen (pastaen) ud på en let meldrysset overflade og beklæd en smurt 23 cm/9 pande med den. Dæk med smurt (vokset) papir, fyld med bønner og bag i en forvarmet ovn ved 190°C/375°F/gasmærke 5 i 10 minutter. Fjern papiret og bønnerne.

Arranger nødderne i et flot mønster på panden (tærteristen). Pisk æggene let og skummende. Pisk siruppen, derefter sukkeret og fortsæt med at piske indtil sukkeret er opløst. Tilsæt vaniljeessens og salt og pisk til det er glat. Hæld blandingen i en bradepande og sæt den i den forvarmede ovn i 10 minutter. Reducer ovntemperaturen til 180°C/350°F/gasmærke 4 og bag i yderligere 30 minutter, indtil de er gyldne. Lad afkøle og stil til side inden servering.

Kage med valnødder og æbler

Giver en 23 cm/9 kage

2 æg

350 g/12 oz/1½ kopper strøsukker (superfint)

50 g/2 oz/½ kop almindeligt mel (alle formål)

10 ml/2 tsk bagepulver

Knivspids salt

100 g/4 oz kogeæbler (tærte), skrællet, udkernet og skåret i tern

100 g/4 oz/1 kop pekannødder eller valnødder

150 ml/¼ pt/2/3 kop flødeskum

Pisk æggene let og skummende. Bland alle resterende ingredienser undtagen fløde én ad gangen i den angivne rækkefølge. Hæld i en smurt og meldrysset 23 cm/9 form (bageform) og bag i en forvarmet ovn ved 160°C/325°F/Gas 3 i ca. 45 minutter, indtil den er gennemhævet og gylden. Server med fløde.

Gainsborough Pie

Giver en 20 cm/8 kage

25 g/1 oz/2 spsk smør eller margarine

2,5 ml/½ tsk bagepulver

50 g/2 oz/¼ kop pulveriseret sukker (superfint)

100 g/4 oz/1 kop revet kokosnød (revet)

50 g/2 oz/¼ kop kandiserede kirsebær (kandiserede), hakket

2 æg, pisket

Smelt smørret, tilsæt de øvrige ingredienser og hæld det i et smurt og meldrysset 20 cm/8 bradefad. Bages i en forvarmet ovn ved 180°C/350°F/gasmærke 4 i 30 minutter, indtil den er elastisk at røre ved.

Citron tærte

Giver en 25 cm/10 kage

225 g/8 oz mørdej

100 g/4 oz/½ kop smør eller margarine

4 æg

Revet skal og saft af 2 citroner

100 g/4 oz/½ kop hårdt (superfint) sukker

250 ml/8 fl oz/1 kop dobbelt creme (tung)

Mynteblade til pynt

Rul dejen (pastaen) ud på en let meldrysset overflade og beklæd en bageplade (25 cm/10 pande). Gennembor bunden med en gaffel. Dæk med smurt (vokset) papir og fyld med bagebønner. Bages i en forvarmet ovn ved 200°C/400°F/gastemperatur 6 i 10 minutter. Fjern papiret og bønnerne og sæt tilbage i ovnen i yderligere 5 minutter, indtil bunden tørrer. Reducer ovntemperaturen til 160°C/325°F/gasmærke 3.

Smelt smør eller margarine og lad det køle af i 1 minut. Pisk æggene med citronskal og saft. Pisk smør, sukker og fløde til skum. Hæld i kagebunden og bag ved reduceret temperatur i 20 minutter. Lad afkøle og stil på køl inden servering, pyntet med mynteblade.

Tarteletter med citron

Gør det 12

225 g/8 oz/1 kop smør eller margarine, blødgjort

75 g/3 oz/½ kop (flormelis), sigtet

175 g/6 oz/1½ kopper almindeligt mel (alle formål)

50 g/2 oz/½ kop majsmel (majsstivelse)

5 ml/1 tsk revet citronskal

Til dressingen:

30 ml/2 spsk lemon curd

30 ml/2 spsk sigtet flormelis

Bland alle ingredienser til kagen, indtil den er glat. Hæld i en sprøjtepose og rør dekorativt i 12 papirforinger placeret i en muffinform. Bages i en forvarmet ovn ved 180°C/350°F/gasmærke 4 i 20 minutter, indtil de er gyldenbrune. Lad køle lidt af, kom en skefuld lemon curd på hver kage og drys med flormelis.

Appelsinkage

Giver en 23 cm/9 kage

1 basisæske med svampekage

400 ml/14 fl oz/1¾ kop appelsinjuice

150 g/5 oz/2/3 kop strøsukker (superfint)

30 ml/2 spsk buddingpulver

15 g/½ oz/1 spsk smør eller margarine

15 ml/1 spsk revet appelsinskal

Et par skiver kandiseret appelsin (valgfrit)

Forbered den grundlæggende cookie topping (skal). Under madlavning blandes 250 ml/8 fl oz/1 kop appelsinjuice med sukker, fløde og smør eller margarine. Sæt blandingen over lav varme og kog langsomt, indtil den bliver gennemsigtig og tyk. Bland appelsinskallen i. Så snart du tager flanken ud af ovnen, hæld den resterende appelsinjuice i, læg appelsinfyldet i flanken og lad den køle af og stivne. Pynt med kandiserede appelsinskiver, hvis det ønskes.

pærekage

Giver en 20 cm/8 kage

1 mængde Pâte Sucrée

Til fyldet:

150 ml/¼ pt/2/3 kop dobbelt creme (tung)

2 æg

50 g/2 oz/¼ kop pulveriseret sukker (superfint)

5 pærer

Til glasuren:

75 ml/5 spsk solbærgelé (klar dåse)

30 ml/2 spsk vand

Pres citronsaften

Rul pâte sucréen ud og beklæd en 20 cm/8 bradepande (bageplade). Dæk med smurt (vokset) papir og fyld med bønner og bag i en forvarmet ovn ved 190°C/375°F/gasmærke 5 i 12 minutter. Tag ud af ovnen, fjern papir og bønner og lad det køle af.

Til fyldet blandes fløde, æg og sukker. Skræl og udkern pærerne og halver dem på langs. Læg pærerne med snitsiden nedad og skær næsten ned i midten af pærerne, men lad dem være intakte. Arranger i en kageform (skal). Hæld flødeblandingen over og bag i en forvarmet ovn ved 190°C/375°F/gasmærke 4 i 45 minutter, dæk med smurt (vokset) papir, hvis det bruner, før cremen sætter sig. Lad afkøle.

For at lave frostingen, smelt marmelade, vand og citronsaft i en lille gryde, indtil det er blandet. Pensl frugten, mens glasuren er varm, og lad den stivne. Vi serverer samme dag.

Kage med pærer og mandler

Giver en 20 cm/8 kage

Til dejen (pasta):

100 g/4 oz/1 kop almindeligt mel (all-purpose)

50 g/2 oz/½ kop malede mandler

50 g/2 oz/¼ kop pulveriseret sukker (superfint)

75 g/3 oz/1/3 kop smør eller margarine, skåret i tern og blødgjort

1 æggeblomme

Et par dråber mandelessens (ekstrakt)

Til fyldet:

1 æggeblomme

50 g/2 oz/¼ kop pulveriseret sukker (superfint)

50 g/2 oz/½ kop malede mandler

30 ml/2 spsk pærelikør eller anden likør efter smag

3 store pærer

Til cremen:

3 æg

25 g/1 oz/2 spsk strøsukker (superfint)

300 ml/½ pt/1¼ kop almindelig fløde (let)

Forbered dejen ved at blande mel, mandler og sukker i en skål og lave en fordybning i midten. Tilsæt smør eller margarine, æggeblomme og vaniljeessens og bland ingredienserne lidt efter lidt, indtil du får en blød dej. Pak ind i husholdningsfilm (plastfolie) og stil på køl i 45 minutter. Rul ud på en meldrysset overflade og beklæd en smurt og meldrysset 20 cm/8 foret bageplade (bageplade). Dæk med smurt (vokset) papir og fyld med bønner og bag i en forvarmet ovn ved 200°C/400°F/gasmærke 6 i 15 minutter. Fjern papiret og bønnerne.

Til fyldet piskes æggeblomme og sukker. Tilsæt mandler og likør og hæld blandingen med en ske i gryden (tærtetopping). Skræl pærerne, fjern kernehuset og del dem i halve, og fordel dem derefter med den flade side nedad over fyldet.

For at lave cremen piskes æg og sukker til det er lyst og luftigt. Bland cremen. Dæk pærerne med cremen og bag dem i en forvarmet ovn ved 180°C/350°F/gasmærke 4 i ca. 15 minutter, indtil cremen er stivnet.

Kongelig kage med rosiner

Giver en 20 cm/8 kage

Til dejen (pasta):
100 g/4 oz/½ kop smør eller margarine

225 g/8 oz/2 kopper almindeligt mel (all-purpose)

Knivspids salt

45 ml/3 spsk koldt vand

Til fyldet:
50 g/2 oz/½ kop småkagekrummer

175 g/6 oz/1 kop rosiner

1 æggeblomme

5 ml/1 tsk revet citronskal

Til dressingen:
225 g/8 oz/11/3 kopper (flormelis) sukker, sigtet

1 æggehvide

5 ml/1 tsk citronsaft

Afslut:
45 ml/3 spsk solbærgelé (klar dåse)

Lav dejen ved at gnide smør eller margarine ind i mel og salt, indtil blandingen minder om brødkrummer. Bland i nok koldt vand til at lave en kagedej. Pak ind i husholdningsfilm (plastfolie) og stil på køl i 30 minutter.

Rul dejen ud og beklæd en 20 cm/8 firkantet form (bageplade). Bland ingredienserne til fyldningen og læg dem på bunden, så toppen jævnes. Pisk ingredienserne til toppingen og fordel den over kagen. Pisk ribsmarmeladen, indtil den er glat, og før derefter nettet over toppen af kagen. Bag i en forvarmet ovn ved 190°C/375°F/gasmærke 5 i 30 minutter, reducer derefter ovntemperaturen til 180°C/350°F/gasmærke 4 og bag i yderligere 10 minutter.

Kage med rosiner og creme fraiche

Giver en 23 cm/9 kage

225 g/8 oz mørdej

30 ml/2 spsk almindeligt hvedemel

2 æg, let pisket

60 ml/4 spsk pulveriseret sukker (superfint)

250 ml/8 fl oz/1 kop creme fraiche (mælkesyre)

225 g/8 oz/11/3 kopper rosiner

60 ml/4 spsk rom eller brandy

Et par dråber vaniljeessens (ekstrakt)

På en let meldrysset overflade rulles dejen ud til 5 mm/¼ tykkelse. Bland mel, æg, sukker og fløde, og tilsæt derefter rosiner, rom eller brandy og vaniljeessens. Hæld blandingen i formen og bag i en forvarmet ovn ved 200°C/400°F/gasmærke 6 i 20 minutter. Reducer ovntemperaturen til 180°C/350°F/gasmærke 4 og bag i yderligere 5 minutter, indtil den er stivnet.

Jordbær kage

Giver en 20 cm/8 kage

1 mængde Pâte Sucrée

Til fyldet:

5 æggeblommer

175 g/6 oz/¾ kop (superfint) sukker

75 g/3 oz/¾ kop majsmel (majsstivelse)

1 vaniljestang (stang)

450 ml/¾ pt/2 kopper mælk

15 g/½ oz/1 spsk smør eller margarine

550 g/1¼lb jordbær, halveret

Til glasuren:

75 ml/5 spsk solbærgelé (klar dåse)

30 ml/2 spsk vand

Pres citronsaften

Rul dejen ud (pastaen) og beklæd en 20 cm/8 bradepande (bageplade). Dæk med smurt (vokset) papir og fyld med bønner og bag i en forvarmet ovn ved 190°C/375°F/gasmærke 5 i 12 minutter. Tag ud af ovnen, fjern papir og bønner og lad det køle af.

For at lave fyldet piskes æggeblommerne med sukkeret, indtil blandingen er hvidlig og luftig og kommer ud af piskeriset i strimler. Pisk majsmel i. Kom vaniljestangen i mælken og bring det i kog. Fjern vaniljestangen. Bland gradvist æggeblandingen i. Hæld blandingen i en ren gryde og bring det i kog, under konstant omrøring, og kog derefter i 3 minutter under konstant omrøring. Fjern fra varmen og rør smør eller margarine i, indtil det er smeltet. Dæk med bagepapir (vokset) og lad det køle af.

Hæld fløden i gryden (tærteskal) og arranger jordbærene jævnt ovenpå. For at lave frostingen, smelt marmelade, vand og citronsaft, indtil det er glat. Pensl frugten, mens glasuren er varm, og lad den stivne. Vi serverer samme dag.

melasse kage

Giver en 20 cm/8 kage

75 g/3 oz/1/3 kop smør eller margarine

175 g/6 oz/1½ kopper almindeligt mel (alle formål)

15 ml/1 spsk sukker (superfint).

1 æggeblomme

30 ml/2 spsk vand

225 g/8 oz/2/3 kop gylden sirup (lys majs)

50 g/2 oz/1 kop friske krummer

5 ml/1 tsk citronsaft

Gnid smørret eller margarinen ind i melet, indtil blandingen minder om brødkrummer. Bland sukkeret, tilsæt derefter blommen og vand og bland, indtil det danner en dej (pasta). Pak ind i husholdningsfilm (plastfolie) og stil på køl i 30 minutter.

Rul dejen ud og beklæd en 20 cm/8 bageplade (bageplade). Varm siruppen op og bland den med brødkrummer og citronsaft. Læg fyldet i formen og bag i en forvarmet ovn ved 180°C/350°F/gasmærke 4 i 35 minutter, indtil den er hævet.

Kage med valnødder og melasse

Giver en 20 cm/8 kage

225 g/8 oz mørdej

100 g/4 oz/½ kop smør eller margarine, blødgjort

50 g/2 oz/¼ kop brun farin

2 æg, pisket

175 g/6 oz/½ kop gylden sirup (lys majs), opvarmet

100 g/4 oz/1 kop finthakkede valnødder

Skal af 1 citron

Saft af ½ citron

Rul dejen ud (pastaen) og beklæd en smurt 20 cm/8 pande (bageplade). Dæk med smurt (vokset) papir og fyld med bønner og bag i en forvarmet ovn ved 200°C/400°F/gasmærke 6 i 10 minutter. Tag ud af ovnen og fjern papir og bønner. Reducer ovntemperaturen til 180°C/350°F/gasmærke 4.

Pisk smør eller margarine og sukker let og luftigt. Pisk æggene lidt efter lidt, og bland derefter sirup, valnødder, citronskal og saft i. Lægges på en bageplade (tærteskal) og bages i ovnen i 45 minutter, indtil den er gylden og sprød.

Amish Shoo-flue kage

Laver en kage, der måler 23 x 30 cm

225 g/8 oz/1 kop smør eller margarine, blødgjort

225 g/8 oz/2 kopper almindeligt mel (all-purpose)

225 g/8 oz/2 kopper fuldkornshvedemel (fuld hvede)

450 g/1 lb/2 kopper brun farin

350 g/12 oz/1 kop sort sirupsirup (melasse)

10 ml/2 tsk bagepulver (bagepulver)

450 ml/¾ pt/2 kopper kogende vand

Gnid smørret eller margarinen ind i melet, indtil blandingen minder om brødkrummer. Bland sukkeret. Reserver 100g/4oz/1 kop blandingen til toppingen. Kombiner melassesirup, bagepulver og vand og rør i melblandingen, indtil de tørre ingredienser er absorberet. Læg dem i et smurt og meldrysset 23 x 30 cm/9 x 12 bradefad og drys med den reserverede blanding. Bag i en forvarmet ovn ved 180°C/350°F/gasmærke 4 i 35 minutter, indtil en tandstik indsat i midten kommer ren ud. Server den varm.

Boston flødeskive

Til en 23 cm/9 kage

100 g/4 oz/½ kop smør eller margarine, blødgjort

225 g/8 oz/1 kop granuleret sukker (superfint)

2 æg, let pisket

2,5 ml/½ tsk vaniljeessens (ekstrakt)

175 g/6 oz/1 ½ kopper selvhævende mel (selvhævende)

5 ml/1 tsk bagepulver

Knivspids salt

60 ml/4 spsk mælk

flødefyld

Pisk smør eller margarine og sukker let og luftigt. Tilsæt gradvist æg og vaniljeessens, pisk godt efter hver tilsætning. Bland mel, gær og salt og tilsæt til blandingen skiftevis med mælken. Anbring i en smurt og meldrysset 23cm/9-pande (bageplade) og bag i en forvarmet ovn ved 180°C/350°F/gasmærke 4 i 30 minutter, indtil den er fast at røre ved. Når den er afkølet, skæres kagen vandret ud og de to halvdele limes sammen med cremefyldet.

Amerikansk hvid bjergkage

Til en 23 cm/9 kage

225 g/8 oz/1 kop smør eller margarine, blødgjort

450 g/1 lb/2 kopper pulveriseret sukker (superfint)

3 let pisket æg

350 g/12 oz/3 kopper selvhævende mel

15 ml/1 spsk bagepulver

1,5 ml/¼ teskefuld salt

250 ml/8 fl oz/1 kop mælk

5 ml/1 tsk vaniljeessens (ekstrakt)

5 ml/1 tsk mandelessens (ekstrakt)

Til citronfyldet:

45 ml/3 spsk majsmel (majsstivelse)

75 g/3 oz/1/3 kop pulveriseret sukker (superfint)

1,5 ml/¼ teskefuld salt

300 ml/½ pt/1¼ kop mælk

25 g/1 oz/2 spsk smør eller margarine

90 ml/6 spsk citronsaft

5 ml/1 tsk revet citronskal

Til glasuren:

350 g/12 oz/1½ kopper strøsukker (superfint)

Knivspids salt

2 æggehvider

75 ml/5 spsk koldt vand

15 ml/1 spsk gylden sirup (lys majs)

5 ml/1 tsk vaniljeessens (ekstrakt)

175 g/6 oz/1½ kopper revet kokosnød (revet)

Pisk smør eller margarine og sukker let og luftigt. Pisk æggene lidt efter lidt. Bland mel, gær og salt og tilsæt derefter flødeblandingen skiftevis med mælk og essenser. Hæld blandingen i tre smurte og meldryssede 23 cm/9 forme (bageforme) og bag dem i en forvarmet ovn ved 180°C/350°F/gasmærke 4 i 30 minutter, indtil en tandstik indsat i midten kommer ren og ren ud. ... Lad afkøle.

For at lave fyldet, kombinere majsmel, sukker og salt, og pisk derefter mælken i, indtil det er glat. Tilsæt smør eller margarine i stykker og pisk ved svag varme i cirka 2 minutter, indtil det tykner. Bland citronsaft og skal. Lad afkøle og afkøle.

For at forberede frostingen skal du blande alle ingredienserne undtagen vaniljeessens og kokos i en varmefast skål, som du placerer over en gryde med let simrende vand. Pisk i cirka 5 minutter, indtil det er fast. Tilsæt vaniljeessens og pisk i yderligere 2 minutter.

For at samle kagen, fordel halvdelen af citronfyldet på bundlaget og drys med 25 g/1 oz/¼ kop kokosnød. Gentag med det andet lag. Fordel frostingen over toppen og siderne af kagen og drys med den resterende kokosnød.

Amerikansk kærnemælkskage

Til en 23 cm/9 kage

100 g/4 oz/½ kop smør eller margarine, blødgjort

225 g/8 oz/1 kop granuleret sukker (superfint)

2 æg, let pisket

5 ml/1 tsk revet citronskal

5 ml/1 tsk vaniljeessens (ekstrakt)

225 g/8 oz/2 kopper selvhævende mel

5 ml/1 tsk bagepulver

5 ml/1 tsk bagepulver (bagepulver)

Knivspids salt

250 ml/8 fl oz/1 kop kærnemælk

citronfyld

Pisk smør eller margarine og sukker let og luftigt. Pisk gradvist æggene i, og bland derefter citronskal og vaniljeessens i. Bland mel, bagepulver, natron og salt og tilsæt til blandingen skiftevis med kærnemælken. Pisk godt indtil glat. Hæld blandingen i to smurte og meldryssede brødforme (23 cm/9) og bag i en forvarmet ovn ved 180°C/350°F/gasmærke 4 i 25 minutter, indtil den er fast at røre ved. Lad dem køle af i formene i 5 minutter, inden de vendes ud på en rist til afkøling. Når den er kold, laver du en sandwich med citronfyldet.

Caribisk kage med ingefær og rom

Til en 20 cm/8 kage

50 g/2 oz/¼ kop smør eller margarine

120 ml/4 fl oz/½ kop sort sirup sirup (melasse)

1 æg, let pisket

60 ml/4 spsk rom

100 g/4 oz/1 kop selvhævende mel

10 ml/2 tsk ingefærpulver

75 g/3 oz/1/3 kop brun farin

25 g/1 oz kandiseret (krystalliseret) ingefær, hakket

Smelt smørret eller margarinen med melassen ved svag varme og lad det køle lidt af. Bland resten af ingredienserne til en blød dej. Hæld i en smurt og meldrysset 20 cm/8-pande (bageform) og bag i en forvarmet ovn ved 200°C/400°F/gasmærke 6 i 20 minutter, indtil den er godt hævet og fast at røre ved.

sacher kager

Til en 20 cm/8 kage

200 g/7 oz/1¾ kop halvsød chokolade

8 separate æg

100 g/4 oz/½ kop usaltet smør (sødt), smeltet

2 æggehvider

Knivspids salt

150 g /5 oz/2/3 kop hårdt (superfint) sukker

Et par dråber vaniljeessens (ekstrakt)

100 g/4 oz/1 kop almindeligt mel (all-purpose)

Til glasuren (emalje):
150 g/5 oz/1¼ kopper halvsød chokolade

250 ml/8 fl oz/1 kop almindelig fløde (let)

175 g/6 oz/¾ kop (superfint) sukker

Et par dråber vaniljeessens (ekstrakt)

1 æg, pisket

100 g/4 oz/1/3 kop abrikosmarmelade (sæt til side), siet

Smelt chokoladen i en varmefast skål over en gryde med let kogende vand. Fjern fra varmen. Pisk æggeblommerne let med smørret og bland dem med den smeltede chokolade. Pisk alle æggehvider og salt stive, og tilsæt derefter gradvist sukker og vaniljeessens og pisk indtil blandingen er stiv. Rør gradvist chokoladeblandingen i, og rør derefter melet i. Hæld blandingen i to smurte og meldryssede 20 cm/8 forede forme og bag dem i en forvarmet ovn ved 180°C/350°F/gasmærke 4 i 45 minutter, indtil en tandstik indsat i midten kommer ren ud. det havde været rent. Vend ud på en rist og lad afkøle.

For at lave toppingen skal du smelte chokoladen med fløde, sukker og vaniljeessens over medium varme, indtil det er godt blandet, og lad det derefter koge i 5 minutter uden omrøring. Bland et par spiseskefulde af chokoladeblandingen med ægget, tilsæt chokoladen og kog i 1 minut under omrøring. Fjern fra varmen og lad afkøle til stuetemperatur.

Bland dejen med abrikosmarmeladen. Dæk hele kagen med chokoladesirup, glat overfladen med en spatel eller spatel. Lad afkøle og stil på køl i flere timer, indtil toppingen er fast.

Frugtkage med caribisk rom

Til en 20 cm/8 kage

450 g/1 lb/22/3 kopper tørret frugtblanding (frugtkageblanding)

225 g/8 oz/11/3 kopper sultanas (gyldne rosiner)

100 g/4 oz/2/3 kop rosiner

100 g/4 oz/2/3 kop ribs

50 g/2 oz/¼ kop kandiserede kirsebær (kandiserede)

300 ml/½ pt/1¼ kop rødvin

225 g/8 oz/1 kop smør eller margarine, blødgjort

225 g/8 oz/1 kop brun farin

5 æg, let pisket

10 ml/2 tsk melasse

225 g/8 oz/2 kopper almindeligt mel (all-purpose)

50 g/2 oz/½ kop malede mandler

5 ml/1 tsk kanelpulver

5 ml/1 tsk revet muskatnød

5 ml/1 tsk vaniljeessens (ekstrakt)

300 ml/½ pt/1¼ kop rom

Kom al frugt og vin i en gryde og bring det i kog. Reducer varmen til lav, dæk til og lad det stå i 15 minutter, tag derefter af varmen og lad det køle af. Pisk smør eller margarine og sukker let og luftigt og bland lidt efter lidt æg og melassesirup i. Bland de tørre ingredienser. Bland frugtblandingen, vaniljeessens og 45ml/3 spsk rom. Hæld i en smurt og meldrysset 20 cm/8 gryde (bageform) og bag i en forvarmet ovn ved 160°C/325°F/gasmærke 3 i 3 timer, indtil den er hævet godt og en tandstik indsat i midten kommer ren ud. at rengøre. Lad den køle af i gryden i 10 minutter, og vend den derefter ud på en rist for at køle af. Gennembor toppen af kagen med en tynd tandstik og tilsæt den resterende rom. Pak ind i alufolie og lad det modne så længe som muligt.

Dansk smørkage

Til en 23 cm/9 kage

225 g/8 oz/1 kop smør eller margarine, skåret i tern

175 g/6 oz/1½ kopper almindeligt mel (alle formål)

40 g/1½ oz frisk gær eller 60 ml/4 spsk tørgær

15 ml/1 spsk granuleret sukker

1 æg, pisket

½ mængde dansk flødefyld

60 ml/4 spsk sigtet flormelis

45 ml/3 spsk solbær

Gnid 100 g/4 oz/½ kop smør eller margarine ind i melet. Pisk gær og krystalsukker, tilsæt derefter mel og smør med ægget og bland, indtil der dannes en glat dej. Dæk til og lad hæve et lunt sted indtil fordoblet størrelse, cirka 1 time.

Vend ud på en meldrysset overflade og ælt godt. Rul en tredjedel af dejen ud og beklæd bunden af en smurt 23 cm/9 springform (bageplade). Fordel cremefyldet over dejen.

Rul den resterende dej til et rektangel omkring ¼/5 mm tykt. Bland det resterende smør eller margarine og pulveriseret sukker, indtil det er skummende, og rør derefter rosinerne i. Fordel den ud over dejen, lad kanterne stå åbne, og rul derefter dejen på den korteste side. Skær i skiver og fordel over cremefyldet. Dæk til og lad hæve et lunt sted i cirka 1 time. Bages i en forvarmet ovn ved 230°C/450°F/gasmærke 8 i 25-30 minutter, indtil den er gennemhævet og gylden på toppen.

kardemomme dansk kage

Giver en kage på 900 g

225 g/8 oz/1 kop smør eller margarine, blødgjort

225 g/8 oz/1 kop granuleret sukker (superfint)

3 æg

350 g/12 oz/3 kopper almindeligt mel (all-purpose)

10 ml/2 tsk bagepulver

10 malede kardemommefrø

150 ml/¼ pt/2/3 kop mælk

45 ml/3 spsk rosiner

45 ml/3 spsk hakket blandet skræl (krystalliseret)

Pisk smør eller margarine og sukker let og luftigt. Tilsæt æggene lidt ad gangen, pisk godt efter hver tilsætning. Tilsæt mel, bagepulver og kardemomme. Bland gradvist mælk, rosiner og blandet skræl i. Hæld i en smurt og meldrysset brødform på 900 g/2lb (bageplade) og bag i en forvarmet ovn ved 190°C/375°F/gasmærke 5 i 50 minutter, indtil en tandstik indsat i midten kommer ren ud.

Gâteau Pithiviers

Til en 25 cm/10 kage

100 g/4 oz/½ kop smør eller margarine, blødgjort

100 g/4 oz/½ kop hårdt (superfint) sukker

1 æg

1 æggeblomme

100 g/4 oz/1 kop malede mandler

30ml/2 spsk rom

400 g/14 oz butterdej

                Til glasuren:

1 æg, pisket

30 ml/2 spsk flormelis (flormelis).

Pisk smør eller margarine og sukker let og luftigt. Pisk æg og blomme, og tilsæt derefter mandler og rom. Rul halvdelen af dejen (pastaen) ud på en let meldrysset overflade og skær i 23 cm/9 cirkler. Læg på en fugtet bageplade og fordel fyldet over dejen 1 cm/½ og kanten. Rul den resterende dej ud og skær den til en cirkel på 25 cm i diameter. Klip en 1 cm/½ ring fra kanten af denne cirkel. Pensl kanten af kagebunden med vand og tryk ringen mod kanten og skub den forsigtigt på plads. Pensl med vand og tryk den anden cirkel ovenpå for at forsegle kanterne. Lim og krøl kanterne. Pensl toppen med sammenpisket æg og marker et mønster af radiale snit på toppen med et knivblad. Bages i en forvarmet ovn ved 220°C/425°F/gasmærke 7 i 30 minutter, indtil den er hævet og gylden. Sigt flormelis over toppen og sæt tilbage i ovnen i yderligere 5 minutter, indtil de er blanke. Serveres varm eller kold.

Galette Des Rois

Til en kagestørrelse 18 cm/7

250 g/9 oz/2¼ kopper almindeligt mel (all-purpose)

5 ml/1 tsk salt

200 g/7 oz/mindre 1 kop usaltet smør (sødt), i tern

175 ml/6 fl oz/¾ kop vand

1 æg

1 æggehvide

Kom mel og salt i en skål og lav en brønd i midten. Tilsæt 75 g/3 oz/1/3 kop smør, vand og hele æg og bland, indtil der dannes en blød dej. Dæk til og lad hvile i 30 minutter.

Rul dejen ud på en let meldrysset overflade til et langt rektangel. Smør to tredjedele af dejen med en tredjedel af det resterende smør. Fold den udækkede dej over smørret, og fold derefter den resterende dej over toppen. Luk kanterne og stil dem på køl i 10 minutter. Rul dejen ud igen og gentag med halvdelen af det resterende smør. Lad afkøle, åbn og tilsæt det resterende smør og stil det på køl i de sidste 10 minutter.

Rul dejen til en 2,5 cm tyk cirkel med en diameter på cirka 18 cm. Læg på en smurt bageplade, dæk med æggehvide og lad hvile i 15 minutter. Bages i en forvarmet ovn ved 180°C/350°F/gasmærke 4 i 15 minutter, indtil den er gennemhævet og gylden.

Karamel creme

Til en 15 cm/6 kage

Til karamellen:

100 g/4 oz/½ kop hårdt (superfint) sukker

150 ml/¼ pt/2/3 kop vand

Til cremen:

600 ml/1 pt/2½ kopper mælk

4 æg, let pisket

15 ml/1 spsk sukker (superfint).

1 appelsin

For at lave karamellen, læg sukker og vand i en lille gryde og opløs ved svag varme. Bring i kog og kog uden omrøring i cirka 10 minutter, indtil siruppen er gyldenbrun. Hæld i et 15 cm/6 souffléfad og vip det så karamellen løber ud i bunden.

For at forberede fløden, opvarm mælken, hæld den i æg og sukker og bland godt. Hæld i en beholder. Placer beholderen i en gryde med varmt vand for at komme halvvejs op ad beholderens sider. Bages i en forvarmet ovn ved 170°C/325°F/gasmærke 3 i 1 time, indtil den er stivnet. Lad den køle af, inden den vendes over på en tallerken. Skræl appelsinen og skær den vandret, og skær derefter hver skive i halve. Fordel over karamellen til pynt.

Gugelhopf

Til en 20 cm/8 kage

25 g/1 oz frisk gær eller 40 ml/2½ spsk tørgær

120 ml/4 fl oz/½ kop varm mælk

100 g/4 oz/2/3 kop rosiner

15 ml/1 spsk rom

450 g/1 lb/4 kopper stærkt almindeligt mel (til brød).

5 ml/1 tsk salt

En knivspids revet muskatnød

100 g/4 oz/½ kop hårdt (superfint) sukker

Skal af 1 citron

175 g/6 oz/¾ kop smør eller margarine, blødgjort

3 æg

100 g/4 oz/1 kop blancherede mandler

Pulversukker (glasur) til drys

Bland gæren med lidt varm mælk og lad den stå et lunt sted i 20 minutter, indtil den skummer. Kom rosinerne i en skål, hæld rom over og lad dem trække. Kom mel, salt og muskatnød i en skål og bland sukker og citronskal i. Lav en brønd i midten, hæld gær, resterende mælk, smør eller margarine og æg i, og ælt dejen. Læg i en oliesmurt skål, dæk med olieret plastfolie (plastfolie) og lad stå et lunt sted i 1 time for at fordoble størrelsen. Smør rigeligt en 20 cm/8 i gugelhopf-pande (æltepande) med smør og læg mandlerne i bunden. Ælt rosiner og rom i den hævede dej og bland det godt sammen. Hæld blandingen i gryden, dæk til og lad den stå et lunt sted i 40 minutter, indtil dejen er næsten fordoblet i størrelse og når toppen af gryden. Bages i en forvarmet ovn ved 200°C/400°F/gasmærke 6 i 45 minutter, indtil en tandstik indsat i midten kommer ren ud. Efter endt bagning dækkes med et dobbelt lag smurt (vokset) papir, hvis kagen er meget gylden. Fjern og lad afkøle, og drys derefter med pulveriseret sukker.

Gugelhopf luksuschokolade

Til en 20 cm/8 kage

25 g/1 oz frisk gær eller 40 ml/2½ spsk tørgær

120 ml/4 fl oz/½ kop varm mælk

50 g/2 oz/1/3 kop rosiner

50 g/2 oz/1/3 kop ribs

25 g/1 oz/3 spsk hakket blandet skræl (kandiseret)

15 ml/1 spsk rom

450 g/1 lb/4 kopper stærkt almindeligt mel (til brød).

5 ml/1 tsk salt

5 ml/1 tsk stødt allehånde

En knivspids malet ingefær

100 g/4 oz/½ kop hårdt (superfint) sukker

Skal af 1 citron

175 g/6 oz/¾ kop smør eller margarine, blødgjort

3 æg

Til dressingen:

60ml/4 spsk abrikosmarmelade (konserveret), sigtet

30 ml/2 spsk vand

100 g/4 oz/1 kop halvsød chokolade

50 g/2 oz/½ kop skårne mandler, ristede

Bland gæren med lidt varm mælk og lad den stå et lunt sted i 20 minutter, indtil den skummer. Kom rosiner, ribs og blandede skræl i en skål, hæld rommen over og lad den blive blød. Kom mel, salt og krydderier i en skål og bland sukker og citronskal i. Lav en brønd i midten, hæld gærblandingen, den resterende mælk og æg i, og ælt dejen. Læg i en oliesmurt skål, dæk med olieret plastfolie (plastfolie) og lad stå et lunt sted i 1 time for at fordoble størrelsen. Mos frugter og rom i den hævede dej og bland det godt sammen. Hæld blandingen i en godt smurt 20 cm/8 cm Gugelhopf-form, dæk til og lad den stå et lunt sted i 40 minutter, indtil dejen er næsten fordoblet i størrelse og når toppen af formen. Bages i en forvarmet ovn ved 200°C/400°F/gasmærke 6 i 45 minutter, indtil en tandstik indsat i midten kommer ren ud. det kommer ikke helt ud. Hvis kagen er for brun, dækkes den med et dobbelt lag smurt (vokset) papir ved slutningen af bagningen. Fjern og lad afkøle.

Varm geléen op med vand og rør, indtil den er godt blandet. Fordel over kagen. Smelt chokoladen i en varmefast skål over en gryde med let kogende vand. Fordel over kagen og pres de flagede mandler rundt om bunden, inden chokoladen stivner.

Stjålet

Laver tre 350 g/12 oz kager

15 g/½ oz frisk gær eller 20 ml/4 teskefulde tørgær

15 ml/1 spsk sukker (superfint).

120 ml/4 fl oz/½ kop varmt vand

25 g/1 oz/¼ kop stærkt almindeligt mel (til brød).

Til frugtdejen:

450 g/1 lb/4 kopper stærkt almindeligt mel (til brød).

5 ml/1 tsk salt

75 g/3 oz/1/3 kop demerara sukker

1 æg, let pisket

225 g/8 oz/11/3 kopper rosiner

30ml/2 spsk rom

50 g/2 oz/1/3 kop hakket blandet skræl (kandiseret)

50 g/2 oz/½ kop malede mandler

5 ml/1 tsk kanelpulver

100 g/4 oz/½ kop smør eller margarine, smeltet

175 g/6 oz mandelmasse

Til glasuren:

1 æg, let pisket

75 g/3 oz/1/3 kop pulveriseret sukker (superfint)

90 ml/6 spiseskefulde vand

50 g/2 oz/½ kop mandler i flager

Pulversukker (glasur) til drys

For at forberede gærblandingen blandes gær og sukker til en pasta med varmt vand og mel. Lad stå et lunt sted i 20 minutter, indtil der dannes skum.

Forbered frugtpastaen ved at sigte mel og salt i en skål, blande sukkeret i og lave en fordybning i midten. Tilsæt ægget med gæren og bland til en jævn dej. Tilsæt rosiner, rom, blandede skræller, malede mandler og kanel og ælt til det er godt blandet og glat. Læg i en oliesmurt skål, dæk med olieret plastfolie (plastfolie) og lad stå et lunt sted i 30 minutter.

Del dejen i tredjedele og rul dem ud til rektangler på ca. 1 cm/½ tykkelse. Fordel smørret over toppen. Del mandelmassen i tre, og rul den til pølseforme. Læg en i midten af hvert rektangel og fold dejen over toppen. Vend med sømmen nedad og læg på en smurt (småkage) bageplade. Pensl med æg, dæk med olieret plastfolie (plastfolie) og lad det stå et lunt sted i 40 minutter for at fordoble størrelsen.

Bages i en forvarmet ovn ved 220°C/425°F/gasmærke 7 i 30 minutter, indtil de er gyldenbrune.

Imens koger du sukker og vand i 3 minutter, indtil du får en tyk sirup. Pensl toppen af hver stollen med sirup og drys med skivede mandler og flormelis.

Mandel Stollen

Giver to 450g/1lb brød

15 g/½ oz frisk gær eller 20 ml/4 teskefulde tørgær

50 g/2 oz/¼ kop pulveriseret sukker (superfint)

300 ml/½ pt/1¼ kop varm mælk

1 æg

Skal af 1 citron

En knivspids revet muskatnød

450 g/1 lb/4 kopper almindeligt mel (all-purpose)

Knivspids salt

100 g/4 oz/2/3 kop hakket blandet (kandiseret) skræl

175 g/6 oz/1½ kopper hakkede mandler

50 g/2 oz/¼ kop smør eller margarine, smeltet

75 g/3 oz/½ kop (flormelis), sigtet, til drys

Bland gæren med 5 ml/1 tsk sukker og lidt varm mælk og lad den skumme et lunt sted i 20 minutter. Pisk æggene med det resterende sukker, citronskal og muskatnød, bland derefter gæren med mel, salt og den resterende lune mælk og bland, indtil du får en blød dej. Læg i en oliesmurt skål, dæk med olieret plastfolie (plastfolie) og lad stå et lunt sted i 30 minutter.

Ælt skal- og mandelblandingen, læg låg på igen og lad stå et lunt sted i 30 minutter for at fordoble størrelsen.

Del dejen i halve. Rul den ene halvdel til en 30 cm/12 pølse. Tryk rullen i midten for at synke ind, fold den ene side på langs og tryk forsigtigt ned. Gentag med den anden halvdel. Læg både på en smurt og meldrysset bageplade (til kiks), dæk med olieret aluminiumsfolie (plastfolie) og lad stå et lunt sted i 25 minutter for at fordoble størrelsen. Bages i en forvarmet ovn ved

200°C/400°F/gasmærke 6 i 1 time, indtil den er gylden og en tandstik indsat i midten kommer ren ud. Pensl de lune boller rigeligt med smeltet smør og drys med flormelis.

Stollen med pistacienødder

Giver to 450g/1lb brød

15 g/½ oz frisk gær eller 20 ml/4 teskefulde tørgær

50 g/2 oz/¼ kop pulveriseret sukker (superfint)

300 ml/½ pt/1¼ kop varm mælk

1 æg

Skal af 1 citron

En knivspids revet muskatnød

450 g/1 lb/4 kopper almindeligt mel (all-purpose)

Knivspids salt

100 g/4 oz/2/3 kop hakket blandet (kandiseret) skræl

100 g/4 oz/1 kop hakkede pistacienødder

100 g/4 oz mandelmasse

15 ml/1 spsk maraschinolikør

50 g/2 oz/1/3 kop pulveriseret sukker (flormelis), sigtet

Til dressingen:
50 g/2 oz/¼ kop smør eller margarine, smeltet

75 g/3 oz/½ kop (flormelis), sigtet, til drys

Bland gæren med 5 ml/1 tsk sukker og lidt varm mælk og lad den skumme et lunt sted i 20 minutter. Pisk æggene med det resterende sukker, citronskal og muskatnød, bland derefter gæren med mel, salt og den resterende lune mælk og bland, indtil du får en blød dej. Læg i en oliesmurt skål, dæk med olieret plastfolie (plastfolie) og lad stå et lunt sted i 30 minutter.

Ælt skal- og pistacieblandingen, læg låg på igen og lad stå et lunt sted i 30 minutter for at fordoble størrelsen. Pisk mandelmasse, likør og flormelis til glat, rul ud til en tykkelse på 1 cm/½ og skær i tern. Ælt dejen, så ternene er hele.

Del dejen i halve. Rul den ene halvdel til en 30 cm/12 pølse. Tryk rullen i midten for at synke ind, fold den ene side på langs og tryk forsigtigt ned. Gentag med den anden halvdel. Læg både på en smurt og meldrysset bageplade (til kiks), dæk med olieret aluminiumsfolie (plastfolie) og lad stå et lunt sted i 25 minutter for at fordoble størrelsen. Bages i en forvarmet ovn ved 200°C/400°F/gasmærke 6 i 1 time, indtil den er gylden og en tandstik indsat i midten kommer ren ud. Pensl de lune ruller rigeligt med smeltet smør og drys med flormelis.

baklava

Lav 24

450 g/1 lb/2 kopper pulveriseret sukker (superfint)

300 ml/½ pt/1¼ kop vand

5 ml/1 tsk citronsaft

30 ml/2 spsk rosenvand

350 g/12 oz/1½ kopper usaltet smør (sødt), smeltet

450 g/1 lb filodej (pasta)

675 g/1½ lb/6 kopper mandler, finthakkede

For at forberede siruppen skal du opløse sukkeret i vand ved lav varme og røre af og til. Tilsæt citronsaft og bring det i kog. Kog i 10 minutter, indtil det er sirupsagtigt, tilsæt rosenvand og lad det køle af og afkøle.

Smør et stort bradefad med smeltet smør. Læg halvdelen af butterdejspladerne på en bageplade, smør hver enkelt med smør. Fold kanterne for at holde dem inde i fyldet. Anret mandlerne ovenpå. Fortsæt med at lægge den resterende dej i lag, pensl hver plade med smeltet smør. Fordel en generøs mængde smør ovenpå. Skær dejen i diamanter ca. 5 cm/2 brede. Bages i en forvarmet ovn ved 180°C/350°F/gasmærke 4 i 25 minutter, indtil de er sprøde og gyldne. Hæld den kolde sirup over toppen og lad den køle af.

Ungarske stress hvirvler

Bliver 16

25 g/1 oz frisk gær eller 40 ml/2½ spsk tørgær

15 ml/1 spsk brun farin

300 ml/½ pt/1¼ kop varmt vand

15 ml/1 spsk smør eller margarine

450 g/1 lb/4 kopper fuldkornshvedemel (fuld hvede)

15 ml/1 spiseskefuld mælkepulver (skummetmælkspulver)

5 ml/1 tsk malet blandet krydderi (æblekage).

2,5 ml/½ tsk salt

1 æg

175 g/6 oz/1 kop ribs

100 g/4 oz/2/3 kop sultanas (gyldne rosiner)

50 g/2 oz/1/3 kop rosiner

50 g/2 oz/1/3 kop hakket blandet skræl (kandiseret)

Til dressingen:

75 g/3 oz/¾ kop fuldkornshvedemel (fuld hvede)

50 g/2 oz/¼ kop smør eller margarine, smeltet

75 g/3 oz/1/3 kop brun farin

25 g/1 oz/¼ kop sesamfrø

Til fyldet:

50 g/2 oz/¼ kop brun farin

50 g/2 oz/¼ kop smør eller margarine, blødgjort

50 g/2 oz/½ kop malede mandler

2,5 ml/½ tsk revet muskatnød

25 g/2 oz/1/3 kop udstenede blommer, skåret i skiver

1 æg, pisket

Bland gær og sukker med lidt varmt vand og lad det stå et lunt sted i 10 minutter, indtil det skummer. Gnid smør eller margarine ind i melet, bland derefter mælkepulveret, en blanding af krydderier og salt og lav en brønd i midten. Bland æg, gærblanding og det resterende varme vand og bland til en dej. Ælt indtil glat og elastisk. Mos ribs, sultanas, rosiner og blandede skræller. Læg i en oliesmurt skål, dæk med olieret plastfolie (plastfolie) og lad stå et lunt sted i 1 time.

Bland saucens ingredienser, indtil de er smuldrende. Pisk fyldet med smør eller margarine og sukker, og tilsæt derefter mandler og muskatnød. Rul dejen ud til et stort rektangel ca. 1 cm/½ tykt. Fordel fyldet og drys med blommer. Rul op som en schweizerrulle (gelé), pensl kanterne med æg for at forsegle. Skær i 2,5 cm/1 skiver og læg dem i en smurt gryde. Pensl med æg og drys med toppingblanding. Dæk til og lad hæve et lunt sted i 30 minutter. Bages i en forvarmet ovn ved 220°C/425°F/gasmærke 7 i 30 minutter.

Panforte

Til en 23 cm/9 kage

175 g/6 oz/¾ kop granuleret sukker

175 g/6 oz/½ kop ren honning

100 g/4 oz/2/3 kop hakkede tørrede figner

100 g/4 oz/2/3 kop hakket blandet (kandiseret) skræl

50 g/2 oz/¼ kop kandiserede kirsebær (kandiserede), hakket

50 g/2 oz/¼ kop hakket kandiseret ananas

175 g/6 oz/1½ kopper mandler uden skind, groft hakkede

100 g/4 oz/1 kop grofthakkede valnødder

100 g/4 oz/1 kop hasselnødder, groft hakket

50 g/2 oz/½ kop almindeligt mel (alle formål)

25 g/1 oz/¼ kop kakaopulver (usødet chokolade)

5 ml/1 tsk kanelpulver

En knivspids revet muskatnød

15 ml/1 spsk sigtet flormelis

Opløs perlesukker i honning i en gryde ved svag varme. Bring i kog og kog i 2 minutter, indtil du får en tyk sirup. Bland frugterne og nødderne og bland mel, kakao og krydderier i. Bland siruppen. Hæld blandingen i en 9/23 cm sandwichpande (bradepande) smurt og beklædt med rispapir. Bages i en forvarmet ovn ved 180°C/350°F/gasmærke 4 i 45 minutter. Lad den køle af i gryden i 15 minutter, og vend den derefter ud på en rist for at køle af. Drys med flormelis inden servering.

kage med dej

Til en 23 cm/9 kage

300 g/11 oz/2¾ kopper almindeligt mel (all-purpose)

50 g/2 oz/¼ kop smør eller margarine, smeltet

3 æg, pisket

Knivspids salt

225 g/8 oz/2 kopper hakkede mandler

200 g/7 oz/1 kop frossen sukker (superfint) mangler

Revet skal og saft af 1 citron

90 ml/6 spsk

Hæld melet i skålen og lav en fordybning i midten. Bland smør, æg og salt og bland til en blød dej. Rul meget tyndt ud og skær i smalle strimler. Bland mandler, sukker og citronskal. Smør og mel en 23 cm/9 pande. Fordel et lag dejstrimler i bunden af gryden, drys med lidt af mandelblandingen og dryp med lidt af kirsch. Fortsæt med at lægge lag, og slut med et lag dej. Dæk med bagepapir (vokset) og bag i 1 time ved 180°C/350°F/gasmærke 4. Vend forsigtigt og server lunt eller koldt.

Italiensk riskage med Grand Marnier

Til en 20 cm/8 kage

1,5 liter/2½ pts/6 kopper mælk

Knivspids salt

350 g/12 oz/1½ kopper arborio ris eller anden mellemkornet ris

Skal af 1 citron

60 ml/4 spsk pulveriseret sukker (superfint)

3 æg

25 g/1 oz/2 spsk smør eller margarine

1 æggeblomme

30 ml/2 spsk hakket blandet skræl (krystalliseret)

225 g/8 oz/2 kopper mandler i flager, ristede

45 ml/3 spsk Grand Marnier

30 ml/2 spsk tørt brødkrummer

Kog mælken og saltet i en tyk pande, tilsæt ris og citronskal, læg låg på og kog i 18 minutter under omrøring af og til. Tag af varmen og bland sukker, æg og smør eller margarine og lad det varme op. Pisk æggeblomme, skal, nødder og Grand Marnier. Smør et 20 cm/8 bradefad og drys med rasp. Hæld blandingen i formen og bag den i en forvarmet ovn ved 150°C/300°F/gasmærke 2 i 45 minutter, indtil en tandstik indsat i midten kommer ren ud. Lad den køle af i formen, tag formen ud og server varm.

Siciliansk svampekage

Til en kage, der måler 23 x 9 cm/7 x 3½

Madeira kage 450 g/1 lb

Til fyldet:

450 g/1 lb/2 kopper ricotta

50 g/2 oz/¼ kop pulveriseret sukker (superfint)

30 ml/2 spsk dobbelt creme (tung)

30 ml/2 spsk hakket blandet skræl (krystalliseret)

15 ml/1 spsk hakkede mandler

30 ml/2 spsk appelsinlikør

50 g/2 oz/½ kop revet halvsød chokolade

Til glasuren (emalje):

350 g/12 oz/3 kopper halvsød chokolade

175 ml/6 fl oz/¾ kop stærk sort kaffe

225 g/8 oz/1 kop usaltet smør eller margarine (sød)

Skær kagen på langs i 1/½ cm skiver. For at lave fyldet, før ricottaen gennem en sigte (dørslag) og blend indtil glat. Pisk sukker, fløde, blandede skaller, mandler, likør og chokolade. Arranger kagelagene og ricottablandingen i en 450g/1lb-form foret med folie (bageplade) og top med kagelaget. Fold aluminiumsfolien over toppen og stil den på køl i 3 timer, indtil den er fast.

For at lave frostingen skal du smelte chokoladen og kaffen i en varmefast skål placeret over en gryde med let simrende vand. Tilsæt smør eller margarine og fortsæt med at piske indtil blandingen er homogen. Lad det køle af til det tykner.

Fjern kagen fra folien og læg den på et serveringsfad. Hæld eller fordel frosting over toppen og siderne af kagen og skær den i figurer med en gaffel, hvis det ønskes. Lad afkøle indtil fast.

Italiensk Ricotta kage

Til en 25 cm/10 kage

Til saucen:

225 g hindbær

250 ml/8 fl oz/1 kop vand

50 g/2 oz/¼ kop pulveriseret sukker (superfint)

30 ml/2 spsk majsmel (majsstivelse)

Til fyldet:

450 g/1 lb/ 2 kopper ricotta

225 g/8 oz/1 kop flødeost

75 g/3 oz/1/3 kop pulveriseret sukker (superfint)

5 ml/1 tsk vaniljeessens (ekstrakt)

Skal af 1 citron

Revet skal af 1 appelsin

En 25 cm/10 tommer englemad-kage

For at lave saucen, piskes ingredienserne, indtil de er jævne, hældes i en lille gryde og koges over medium varme under omrøring, indtil saucen tykner og begynder at koge. Si og kassér frøene, hvis det ønskes. Dæk til og stil på køl.

For at forberede fyldet, pisk alle ingredienserne, indtil de er godt blandet.

Skær kagen vandret i tre lag og læg dem sammen med to tredjedele af fyldet og fordel resten ovenpå. Dæk til og stil på køl indtil servering med saucen hældt over toppen.

italiensk vermicelli kage

Til en 23 cm/9 kage

225 g/8 oz vermicelli

4 separate æg

200 g/7 oz/1 kop frossen sukker (superfint) mangler

225 g/8 oz ricottaost

2,5 ml/½ teskefuld kanelpulver

2,5 ml/½ teskefuld stødt nelliker

Knivspids salt

50 g/2 oz/½ kop almindeligt mel (alle formål)

50 g/2 oz/1/3 kop rosiner

45 ml/3 spsk ren honning

Enkel (let) eller dobbelt (tung) creme til servering

Kog en stor gryde vand, tilsæt pastaen og kog i 2 minutter. Dræn og vask i koldt vand. Pisk æggeblommerne med sukkeret, til de er hvide og luftige. Pisk ricotta, kanel, nelliker og salt, og tilsæt derefter melet. Bland rosinerne og pastaen. Pisk æggehviderne, indtil der dannes bløde toppe, og fold dem derefter i kageblandingen. Hæld i en smurt og meldrysset 23cm/9-form (bageform) og bag i en forvarmet ovn ved 200°C/400°F/gasmærke 6 i 1 time, indtil de er gyldne. Varm honningen lidt op og hæld den over den varme kage. Serveres varm med fløde.

Italiensk kage med valnødder og mascarpone

Til en 23 cm/9 kage

450 g/1 kg butterdej

175 g/6 oz/¾ kop Mascarpone ost

50 g/2 oz/¼ kop pulveriseret sukker (superfint)

30 ml/2 spsk abrikosmarmelade (konserveret)

3 æggeblommer

50 g/2 oz/½ kop hakkede valnødder

100 g/4 oz/2/3 kop hakket blandet (kandiseret) skræl

Finrevet skal af 1 citron

Pulveriseret (flor)sukker, sigtet, til drys

Rul dejen ud og beklæd en smurt 23cm/9-pande (bageplade) med halvdelen af den. Pisk mascarponen med sukker, marmelade og 2 æggeblommer. Reserver 15 ml/1 spsk af valnødderne til pynt, og fold derefter resten i blandingen med skal og citronskal. Hæld med en ske i kageformen (tærteskal). Dæk fyldet med den resterende dej (pasta), og fugt derefter kanterne og lim. Pisk den resterende æggeblomme og fordel den over toppen. Bages i en forvarmet ovn ved 200°C/400°F/gasmærke 6 i 35 minutter, indtil den er hævet og gylden. Drys med reserverede valnødder og drys med pulveriseret sukker.

hollandsk æblekage

tjener 8

150 g/5 oz/2/3 kop smør eller margarine

225 g/8 oz/2 kopper almindeligt mel (all-purpose)

5 ml/1 tsk bagepulver

2 separate æg

10 ml/2 tsk citronsaft

900 g/2 lb uskrællede tilberedningsæbler (tærte), udkeret og skåret i skiver

175 g/6 oz/1 kop tilberedte tørrede abrikoser i kvarte

100 g/4 oz/2/3 kop rosiner

30 ml/2 spsk vand

5 ml/1 tsk kanelpulver

50 g/2 oz/½ kop malede mandler

Gnid smør eller margarine ind i mel og bagepulver, indtil blandingen ligner brødkrummer. Tilsæt æggeblommerne og 5 ml/1 tsk citronsaft og bland indtil en blød dej. Rul to tredjedele af dejen ud (pastaen) og beklæd en smurt 23 cm/9-pande (bageplade).

Tilsæt æbleskiver, abrikoser og rosiner til gryden med den resterende citronsaft og vand. Kog langsomt i 5 minutter og dræn derefter. Fordel frugten på bagepladen. Bland kanel og malede mandler og drys ovenpå. Rul den resterende dej ud og lav en kagetopping. Dæk kanten med lidt vand og pensl toppen med æggehvide. Bages i en forvarmet ovn ved 180°C/350°F/gasmærke 4 i omkring 45 minutter, indtil de er faste og gyldne.

enkel norsk kage

Til en 25 cm/10 kage

225 g/8 oz/1 kop smør eller margarine, blødgjort

275 g/10 oz/1¼ kopper krystalliseret sukker (superfint)

5 æg

175 g/6 oz/1½ kopper almindeligt mel (alle formål)

7,5 ml/1½ tsk bagepulver

Knivspids salt

5 ml/1 tsk mandelessens (ekstrakt)

Pisk smør eller margarine og sukker, indtil det er godt blandet. Tilsæt æggene lidt efter lidt, pisk godt efter hver tilsætning. Pisk mel, bagepulver, salt og mandelessens til en jævn masse. Anbring i en usmurt 25 cm/10 tommer kageform (bageform) og bag i en forvarmet ovn ved 160°C/320°F/gasmærke 3 i 1 time, indtil den er fast at røre ved. Lad den køle af i gryden i 10 minutter, inden den vendes ud på en rist til afkøling.

Norsk kransekake

Til en 25 cm/10 kage

450 g/1 lb/4 kopper malede mandler

100 g/4 oz/1 kop malede bitre mandler

450g/1lb/22/3 kopper (flormelis) sukker

3 æggehvider

Til glasuren (emalje):
75 g/3 oz/½ kop (flormelis) sukker

½ æggehvide

2,5 ml/½ tsk citronsaft

Bland mandler og flormelis i en gryde. Bland en æggehvide i og varm blandingen op ved svag varme til den er lunken. Fjern fra varmen og rør de resterende æggehvider i. Hæld blandingen i en sprøjtepose udstyret med en 1 cm/½ korrugeret dyse (spids) og rør den i en 25 cm spiral på en smurt bageplade. Fortsæt med at lave spiraler, hver 5 mm/¼ mindre end den foregående, indtil du har 5 cm/2 cirkler. Bages i en forvarmet ovn ved 150°C/300°F/gasmærke 2 i ca. 15 minutter, indtil de er gyldenbrune. Placer dem oven på hinanden, mens de stadig er varme, så de danner et tårn.

Bland frosting-ingredienserne og lav zigzag-linjer over hele kagen med den fine spids.

Portugisiske kokosnøddekager

Gør det 12

4 separate æg

450 g/1 lb/2 kopper pulveriseret sukker (superfint)

450 g/1 lb/4 kopper revet kokosnød (revet)

100 g/4 oz/1 kop rismel

50 ml/2 fl oz/3½ spsk rosenvand

1,5 ml/¼ teskefuld kanelpulver

1,5 ml/¼ teskefuld malet kardemomme

En knivspids malet nelliker

En knivspids revet muskatnød

25 g/1 oz/¼ kop skivede mandler

Pisk æggeblommer og sukker, indtil det er lyst. Tilsæt kokos og derefter mel. Tilsæt rosenvand og krydderier. Pisk æggehviderne til de danner faste toppe og bland i blandingen. Hæld i en smurt 25 cm/10 firkantet form (bageplade) og drys mandlerne ovenpå. Bages i en forvarmet ovn ved 180°C/350°F/gasmærke 4 i 50 minutter, indtil en tandstik indsat i midten kommer ren ud. Lad afkøle i gryden i 10 minutter og skær derefter i firkanter.

Skandinavisk rå kage

Til en 23 cm/9 kage

2 æg

150 g/5 oz/2/3 kop brun farin

50 g/2 oz/¼ kop smør eller margarine, smeltet

10 ml/2 tsk revet appelsinskal

150 g/5 oz/1¼ kopper almindeligt mel (all-purpose)

7,5 ml/1½ tsk bagepulver

60 ml/4 spsk dobbelt creme (tung)

Til dressingen:

50 g/2 oz/¼ kop smør eller margarine

50 g/2 oz/¼ kop pulveriseret sukker (superfint)

100 g/4 oz/1 kop hakkede mandler

15 ml/1 spsk dobbelt creme (tung)

30 ml/2 spsk almindeligt hvedemel

Pisk æg og sukker lyst og luftigt. Bland smør eller margarine og appelsinskal, og tilsæt derefter mel og gær. Bland cremen. Hæld blandingen i et smurt og meldrysset 23cm/9 bradefad og bag i en forvarmet ovn ved 180°C/350°C/gas 4 i 20 minutter.

For at lave saucen, opvarm ingredienserne i en gryde, rør indtil de er godt blandet og bring det i kog. Hæld over kagen. Øg ovntemperaturen til 200°C/400°F/gasmærke 6 og sæt kagen tilbage i ovnen i yderligere 15 minutter, indtil den er gyldenbrun.

Sydafrikanske Hertzog-kiks

Gør det 12

75 g/3 oz/¾ kop almindeligt mel (all-purpose)

15 ml/1 spsk sukker (superfint).

5 ml/1 tsk bagepulver

Knivspids salt

40 g/1½ oz/3 spsk smør eller margarine

1 stor æggeblomme

5 ml/1 tsk mælk

Til fyldet:
30 ml/2 spsk abrikosmarmelade (konserveret)

1 større æggehvide

100 g/4 oz/½ kop hårdt (superfint) sukker

50 g/2 oz/½ kop revet kokosnød (revet)

Bland mel, sukker, gær og salt. Gnid smør eller margarine i, indtil blandingen ligner brødkrummer. Bland nok æggeblomme og mælk sammen til en blød dej. Ælt godt. Rul dejen ud på en let meldrysset overflade, skær cirkler med en udstikker og beklæd smurte brødforme med dem. Læg en skefuld marmelade i midten af hver enkelt.

Lav fyldet ved at piske æggehviderne stive, og pisk derefter sukkeret i til det er stift og blankt. Bland kokosen i. Hæld fyldet i panderne (tærteskaller) og sørg for at dække marmeladen. Bages i en forvarmet ovn ved 180°C/350°F/gasmærke 4 i 20 minutter, indtil de er gyldenbrune. Lad dem køle af i formene i 5 minutter, inden de vendes ud på en rist til afkøling.

baskisk kage

Til en 25 cm/10 kage

Til fyldet:

50 g/2 oz/¼ kop pulveriseret sukker (superfint)

25 g/1 oz/¼ kop majsmel (majsstivelse)

2 æggeblommer

300 ml/½ pt/1¼ kop mælk

½ vaniljestang (stang)

Lidt pulveriseret sukker (glasur)

Til kagen:

275 g/10 oz/1¼ kopper smør eller margarine, blødgjort

175 g/5 oz/¼ kop granuleret sukker (superfint)

3 æg

5 ml/1 tsk vaniljeessens (ekstrakt)

450 g/1 lb/4 kopper almindeligt mel (all-purpose)

10 ml/2 tsk bagepulver

Knivspids salt

15 ml/1 spsk brandy

Pulversukker (glasur) til drys

Til fyldet piskes halvdelen af sukkeret med majsmel, æggeblommer og lidt mælk. Kog den resterende mælk og sukker sammen med vaniljestangen, og hæld derefter langsomt sukker og æggeblandingen i under konstant omrøring. Bring i kog og kog i 3 minutter under konstant omrøring. Hæld i en skål, drys med flormelis for at forhindre, at der dannes et skind, og lad det køle af.

For at lave kagen blandes smør eller margarine og flormelis til det er let og luftigt. Tilsæt gradvist æg og vaniljeessens, skiftevis med skefulde mel, bagepulver og salt, og tilsæt derefter resten af melet. Overfør blandingen til en sprøjtepose udstyret med en 1 cm/½ almindelig spids (dyse), og rør halvdelen af blandingen i et spiralmønster i bunden af en smurt og meldrysset 25 cm/10 brødform (bageplade). På den øverste kant laver du en cirkel for at danne en kant, der holder fyldet. Fjern vaniljestangen fra fyldet, bland cognacen i og pisk, til det er glat, og hæld derefter over kagedejen med en ske. Fordel den resterende kageblanding i et spiralmønster over toppen. Bages i en forvarmet ovn ved 190°C/375°F/gasmærke 5 i 50 minutter, indtil de er gyldne og faste at røre ved. Lad det køle af og drys derefter med flormelis.

Mandel- og flødeostprisme

Til en 23 cm/9 kage

200 g/7 oz/1¾ kop smør eller margarine, blødgjort

100 g/4 oz/½ kop hårdt (superfint) sukker

1 æg

200 g/7 oz/1 kop flødeost mangler

5 ml/1 tsk citronsaft

2,5 ml/½ teskefuld kanelpulver

75 ml/5 spsk brandy

90 ml/6 spsk mælk

30 smukke småkager (cookies)

Til glasuren (emalje):
60 ml/4 spsk pulveriseret sukker

30 ml/2 spsk kakaopulver (usødet chokolade)

100 g/4 oz/1 kop halvsød chokolade

60 ml / 4 spiseskefulde vand

50 g/2 oz/¼ kop smør eller margarine

100 g/4 oz/1 kop mandler i flager

Pisk smør eller margarine og sukker let og luftigt. Pisk æg, flødeost, citronsaft og kanel. Læg et stort ark aluminiumsfolie på en arbejdsflade. Bland brandy og mælk. Dyp 10 småkager i brandyblandingen og arranger dem på pladen i et rektangel, to småkager høje og fem småkager lange. Fordel osteblandingen over kiksene. Dyp de resterende kiks i brandy og mælk og læg dem oven på blandingen, så de får en lang trekantet form. Pak ind i aluminiumsfolie og stil på køl natten over.

For at lave toppingen skal du bringe sukker, kakao, chokolade og vand i kog i en lille gryde og koge i 3 minutter. Fjern fra varmen og pisk smør i. Lad det køle lidt af. Fjern folien fra kagen og fordel chokoladeblandingen over toppen. Stadig varm, pres mandlerne. Stil på køl indtil stivnet.

Dark Forest Gate

Til en kagestørrelse 18 cm/7

175 g/6 oz/¾ kop smør eller margarine, blødgjort

175 g/6 oz/¾ kop (superfint) sukker

3 let pisket æg

150 g/5 oz/1¼ kopper selvhævende mel

25 g/1 oz/¼ kop kakaopulver (usødet chokolade)

10 ml/2 tsk bagepulver

90 ml/6 spsk kirsebærsyltetøj (konserveret)

100 g/4 oz/1 kop almindelig chokolade (halvsød), fint revet

400 g/14 oz/1 stor dåse sorte kirsebær, saft drænet og sat til side

150 ml/¼ pt/2/3 kop dobbelt flødeskum (tung)

10 ml/2 tsk arrowroot

Pisk smør eller margarine og sukker let og luftigt. Bland gradvist æggene i, og bland derefter mel, kakao og bagepulver i. Fordel blandingen mellem to smurte og meldrysede 18 cm/7 forede sandwichforme (forme) og bag i en forvarmet ovn ved 180°C/350°F/gasmærke 4 i 25 minutter, indtil den er fast at røre ved. Lad afkøle.

Bland dejen med noget af marmeladen og fordel resten på siderne af kagen. Fordel den revne chokolade på siderne af kagen. Arranger kirsebærene smukt ovenpå. Påfør cremen på den øverste kant af kagen. Varm pilroden op med lidt kirsebærsaft og pensl over frugten, så den bliver brun.

Chokolade og mandel Gâteau

Til en 23 cm/9 kage

100 g/4 oz/1 kop halvsød chokolade

100 g/4 oz/½ kop smør eller margarine, blødgjort

150 g/5 oz/2/3 kop strøsukker (superfint)

3 separate æg

50 g/2 oz/½ kop malede mandler

100 g/4 oz/1 kop almindeligt mel (all-purpose)

Til fyldet:
225 g/8 oz/2 kopper almindelig chokolade (halvsød)

300 ml/½ pt/1¼ kop dobbelt creme (tung)

75 g/3 oz/¼ kop hindbærsyltetøj (gem)

Smelt chokoladen i en varmefast skål over en gryde med let kogende vand. Bland smør eller margarine og sukker, indtil det er skummende, og tilsæt derefter chokoladen og æggeblommerne. Bland de malede mandler og mel. Pisk æggehviderne stive, og vend dem derefter i blandingen. Hæld i en smurt og meldrysset 23 cm/9-form (bageform) og bag i en forvarmet ovn ved 180°C/350°F/gasmærke 4 i 40 minutter, indtil den er fast at røre ved. Lad det køle af og skær kagen i halve vandret.

For at forberede fyldet skal du smelte chokoladen og fløden i en varmebestandig skål placeret over en gryde med let kogende vand. Blend indtil glat og lad afkøle, rør af og til. Smuldr dejen med syltetøjet og halvdelen af chokoladecremen, fordel resten af cremen over toppen og siderne og lad det stivne.

Gâteau Chokolade Cheesecake

Til en 23 cm/9 kage

Til basen:

25 g/1 oz/2 spsk strøsukker (superfint)

175 g/6 oz/1½ kopper Digestive Crackers (Graham Crackers)

75 g/3 oz/1/3 kop smeltet smør eller margarine

Til fyldet:

100 g/4 oz/1 kop halvsød chokolade

300 g/10 oz/1¼ kopper flødeost

3 separate æg

45 ml/3 spsk kakao (usødet chokolade) pulver

25 g/1 oz/¼ kop almindeligt mel (all-purpose)

50 g/2 oz/¼ kop brun farin

150 ml/¼ pt/2/3 kop creme fraiche (mælkesyre)

50 g/2 oz/¼ kop hårdt (superfint) sukker Til dekoration:

100 g/4 oz/1 kop halvsød chokolade

25 g/1 oz/2 spsk smør eller margarine

120 ml/4 fl oz/½ kop dobbelt creme (tung)

6 kandiserede kirsebær (kandiserede)

Til bunden blandes sukker og kiks i det smeltede smør og beklæd bunden og siderne af en smurt 23 cm/9 springform (bageform). For at forberede fyldet skal du smelte chokoladen i en varmefast skål over en gryde med let kogende vand. Lad det køle lidt af. Pisk osten med æggeblommer, kakao, mel, farin og fløde og tilsæt den smeltede chokolade. Pisk æggehviderne, indtil der dannes bløde toppe, tilsæt derefter sukkeret og pisk igen, indtil der dannes faste, skinnende toppe. Rør blandingen med en metalske og hæld den over bunden og jævn overfladen. Bages i en forvarmet ovn ved 160°C/325°F/gasmærke 3 i 1 og en halv time. Sluk for ovnen og lad kagen køle af i ovnen med lågen lukket. Lad den køle af til den er fast og tag den ud af formen.

Til pynt smeltes chokoladen og smør eller margarine i en varmefast skål over en gryde med let simrende vand. Tag den af varmen og lad den køle lidt af, og bland derefter cremen i. Rør chokoladen i mønstre over toppen af kagen og pynt med glaserede kirsebær.

Gâteau Chokolade

Til en 20 cm/8 kage

75 g/3 oz/¾ kop hakket halvsød chokolade

200 ml/1 kop kortmælk

225 g/8 oz/1 kop mørk brun farin

75 g/3 oz/1/3 kop smør eller margarine, blødgjort

2 æg, let pisket

2,5 ml/½ tsk vaniljeessens (ekstrakt)

150 g/5 oz/1¼ kopper almindeligt mel (all-purpose)

25 g/1 oz/¼ kop kakaopulver (usødet chokolade)

5 ml/1 tsk bagepulver (bagepulver)

Til glasuren (emalje):

100 g/4 oz/1 kop halvsød chokolade

100 g/4 oz/½ kop smør eller margarine, blødgjort

225 g/8 oz/11/3 kopper (flormelis) sukker, sigtet

Chokoladeflager eller spåner til pynt

Smelt chokolade, mælk og 75 g/3 oz/1/3 kop sukker i en gryde og lad det køle lidt af. Pisk smør og det resterende sukker til det skum. Pisk gradvist æg og vaniljeessens i, og vend derefter chokoladeblandingen i. Bland forsigtigt mel, kakao og natron. Hæld blandingen i to smurte og meldrysede 20 cm/8 forede sandwichforme (forme) og bag i en forvarmet ovn ved 180°C/350°F/gasmærke 4 i 30 minutter, indtil den er blød at røre ved. Lad det køle af i formene i 3 minutter, og vend derefter ud på en rist for at køle af.

For at forberede frostingen skal du smelte chokoladen i en varmefast skål over en gryde med let kogende vand. Pisk smør eller margarine og sukker, indtil det er blødt, og rør derefter den smeltede chokolade i. Bland kagerne med en tredjedel af frostingen og fordel resten over toppen og siderne af kagen. Pynt toppen med knuste flager eller lav krøller ved at barbere en chokoladebar med en skarp kniv.

Carob Mint Gâteau

Til en 20 cm/8 kage

3 æg

50 g/2 oz/¼ kop pulveriseret sukker (superfint)

75 g/3 oz/1/3 kop selvhævende mel (selvhævende)

25 g/1 oz/¼ kop johannesbrødpulver

150 ml/¼ pt/2/3 kop flødeskum

Et par dråber pebermynteessens (ekstrakt)

50 g/2 oz/½ kop hakkede blandede nødder

Pisk æggene indtil hvidt. Pisk sukker i og fortsæt, indtil blandingen er bleg og cremet og kommer ud af piskeriset i bånd. Dette kan tage 15 til 20 minutter. Bland mel og johannesbrødpulver og bland i æggeblandingen. Hæld i to smurte og meldryssede 20 cm/18 forede forme (bageplader) og bag dem i en forvarmet ovn ved 180°C/350°F/gasmærke 4 i 15 minutter, indtil de er bløde at røre ved. Fedt nok.

Pisk fløden, indtil der dannes bløde toppe, tilsæt essens og valnødder. Skær hver kage i halve vandret og hæld cremen over alle kagerne.

Iskaffe port

Til en kagestørrelse 18 cm/7

225 g/8 oz/1 kop smør eller margarine

100 g/4 oz/½ kop hårdt (superfint) sukker

2 æg, let pisket

100 g/4 oz/1 kop selvhævende mel

Knivspids salt

30 ml/2 spsk kaffeessens (ekstrakt)

100 g/4 oz/1 kop mandler i flager

225 g/8 oz/11/3 kopper (flormelis) sukker, sigtet

Pisk halvdelen af smør eller margarine og flormelis til skum. Tilsæt æggene lidt efter lidt, og tilsæt derefter mel, salt og 15 ml/1 spsk kaffeessens. Hæld blandingen i to smurte og meldryssede 18 cm/7 sandwichforme (forme) og bag i en forvarmet ovn ved 180°C/350°F/gasmærke 4 i 25 minutter, indtil den er fast at røre ved. Lad afkøle. Læg mandlerne i en tør stegepande og steg dem ved moderat varme under konstant omrøring, indtil de er gyldenbrune.

Pisk det resterende smør eller margarine, indtil det er blødt, og tilsæt lidt efter lidt flormelis og den resterende kaffeessens, indtil den når en smørbar konsistens. Stable kagerne en tredjedel fulde. Pensl siderne af kagen med halvdelen af den resterende frosting og tryk de ristede mandler ned i frostingen. Fordel resten over kagen og skær i forme med en gaffel.

Kaffe og valnød ring gâteau

Til en 23 cm/9 kage

Til kagen:
15 ml/1 spiseskefuld instant kaffepulver

15 ml/1 spsk mælk

100 g/4 oz/1 kop selvhævende mel

5 ml/1 tsk bagepulver

100 g/4 oz/½ kop smør eller margarine, blødgjort

100 g/4 oz/½ kop hårdt (superfint) sukker

2 æg, let pisket

Til fyldet:
45ml/3 spsk abrikosmarmelade (konserveret), siet

15 ml/1 spsk vand

10 ml/2 teskefulde instant kaffepulver

30 ml/2 spsk mælk

100 g/4 oz/2/3 kop (flormelis) sukker, sigtet

50 g/2 oz/¼ kop smør eller margarine, blødgjort

50 g/2 oz/½ kop hakkede valnødder

Til glasuren (emalje):
30 ml/2 skeer instant kaffepulver

90 ml/6 spsk mælk

450g/1lb/22/3 kopper (flormelis) sukker, sigtet

50 g/2 oz/¼ kop smør eller margarine

Nogle valnøddehalvdele til at dekorere

For at lave kagen skal du opløse kaffen i mælken, derefter blande den med de andre kageingredienser og piske indtil den er godt blandet. Hæld i en smurt 23 cm/9 tommer form (rørform) og bag i en forvarmet ovn ved 160°C/325°F/gasmærke 3 i 40 minutter, indtil den er blød at røre ved. Lad den køle af i gryden i 5 minutter, og vend den derefter ud på en rist for at køle af. Skær kagen i halve vandret.

For at lave fyldet, opvarm marmelade og vand, indtil det er godt blandet, og pensl over kagens snitflader. Opløs kaffen i mælken, tilsæt derefter flormelis, smør eller margarine og nødder og pisk indtil du får en smørbar konsistens. Lim de to halvdele af kagen med fyldet til en sandwich.

For at lave glasuren skal du opløse kaffen i mælken i en varmefast beholder placeret over en gryde med let kogende vand. Tilsæt pulveriseret sukker og smør eller margarine og pisk til det er glat. Fjern fra varmen og lad det køle af og tykne til en glasur konsistens, rør af og til. Hæld over kagen, pynt med valnøddehalvdele og lad den stivne.

Dansk chokolade- og flødekage

Til en 23 cm/9 kage

4 separate æg

175 g/6 oz/1 kop pulveriseret sukker (konfekture), sigtet

Revet skal af ½ citron

60 g/2½ oz/2/3 kop almindeligt mel (alle formål)

60 g/2½ oz/2/3 kop kartoffelmel

2,5 ml/½ tsk bagepulver

Til fyldet:
45 ml/3 spsk pulveriseret sukker (superfint)

15 ml / 1 spsk majsmel (majsstivelse)

300 ml/½ pt/1¼ kop mælk

3 æggeblommer, pisket

50 g/2 oz/½ kop hakkede blandede nødder

150 ml/¼ pt/2/3 kop dobbelt creme (tung)

Til dressingen:
100 g/4 oz/1 kop halvsød chokolade

30 ml/2 spsk dobbelt creme (tung)

25 g/1 oz/¼ kop hvid chokolade, revet eller skåret i tern

Pisk æggeblommerne med flormelis og citronskal. Tilsæt mel og gær. Pisk æggehviderne stive og bland i blandingen med en metalske. Hæld i en smurt og meldrysset 23 cm/9-pande (bageform) og bag i en forvarmet ovn ved 190°C/375°F/gasmærke 5 i 20 minutter, indtil den er gylden og fjedrende at røre ved. Lad den køle af i gryden i 5 minutter, og vend den derefter ud på en rist for at køle af. Skær kagen vandret i tre lag.

For at forberede fyldet blandes sukker og majsmel til en pasta med lidt mælk. Kog den resterende mælk, og hæld den derefter i majsmelblandingen og bland godt. Kom tilbage i den vaskede gryde og rør konstant ved meget lav varme, indtil cremen tykner. Pisk æggeblommerne ved meget svag varme uden at lade fløden koge. Lad det køle lidt af og bland nødderne i. Pisk fløden stiv og bland den derefter i cremen. Fold lagene sammen med cremen.

For at forberede frostingen skal du smelte chokoladen og fløden i en varmebestandig skål placeret over en gryde med let kogende vand. Fordel over kagen og pynt med revet hvid chokolade.

frugtkage

Til en 20 cm/8 kage

1 kogeæble (tærte), skrællet, udkeret og skåret i skiver

25 g/1 oz/¼ kop hakkede tørrede figner

25 g/1 oz/¼ kop rosiner

75 g/3 oz/1/3 kop smør eller margarine, blødgjort

2 æg

175 g/6 oz/1½ kopper fuldkornshvedemel (fuld hvede)

5 ml/1 tsk bagepulver

30 ml/2 spsk skummetmælk

15 ml/1 spsk gelatine

30 ml/2 spsk vand

400 g/14 oz/1 stor dåse skåret ananas, drænet

300 ml/½ pt/1¼ kop friskost

150 ml/¼ pt/2/3 kop flødeskum

Bland æble, figner, rosiner og smør eller margarine. Pisk æggene. Tilsæt mel og bagepulver og nok mælk til at blandes til en jævn blanding. Anbring i en smurt 20 cm/8-pande (bageplade) og bag i en forvarmet ovn ved 180°C/350°F/gasmærke 4 i 30 minutter, indtil den er fast at røre ved. Tag af panden og lad afkøle på en rist.

For at lave fyldet, drys gelatinen over vandet i en lille skål og lad det blive svampet. Placer beholderen i en gryde med varmt vand og lad den stå, indtil den er opløst. Lad det køle lidt af. Tilsæt ananas, ramme og fløde og stil på køl, indtil det er fast. Skær kagen i halve vandret og fold den sammen med cremen til en sandwich.

Savarin frugt

Til en 20 cm/8 kage

15 g/½ oz frisk gær eller 20 ml/4 teskefulde tørgær

45 ml/3 spsk varm mælk

100 g / 4 oz / 1 kop stærkt mel (brød)

Knivspids salt

5 ml/1 tsk sukker

2 æg, pisket

50 g/2 oz/¼ kop smør eller margarine, blødgjort

Til siruppen:

225 g/8 oz/1 kop granuleret sukker (superfint)

300 ml/½ pt/1¼ kop vand

45 ml/3 spsk mel

Til fyldet:

2 bananer

100 g/4 oz skivede jordbær

100 g hindbær

Bland gær og mælk og tilsæt 15 ml/1 spsk mel. Lad det hvile til det skummer. Tilsæt resten af melet, salt, sukker, æg og smør og bland indtil du får en blød dej. Hæld med en ske i en smurt og meldrysset 20 cm/8 savarin- eller ringpande og lad det stå et lunt sted i ca. 45 minutter, så blandingen næsten når toppen af gryden. Bages i den forvarmede ovn i 30 minutter, indtil de er gyldne og krymper på siderne af panden. Vend på en rist over en bakke og prik det hele igennem med en tandstik.

Mens savarin koger koges siruppen. Opløs sukkeret i vandet ved svag varme, og rør af og til. Bring i kog og kog uden omrøring i 5 minutter, indtil der dannes en sirup. Tilsæt kirsch. Hæld den varme sirup over savarin, indtil den er mættet. Lad afkøle.

Skær bananerne i tynde skiver og bland med resten af frugten og siruppen, der dryppede ned i gryden. Læg savarin på en tallerken og læg frugten i midten inden servering.

Honningkage Lagkage

Til en kagestørrelse 18 cm/7

100 g/4 oz/1 kop selvhævende mel

5 ml/1 tsk bagepulver

100 g/4 oz/½ kop smør eller margarine, blødgjort

100 g/4 oz/½ kop hårdt (superfint) sukker

2 æg

> Til fyld og dekoration:

150 ml/¼ pt/2/3 kop flødeskum eller dobbelt creme (tung)

100 g/4 oz/1/3 kop ingefærgelé

4 honningkager (kiks), knust

Et par stykker kandiseret (krystalliseret) ingefær

Pisk alle kageingredienser, indtil de er godt blandet. Hæld i to smurte og meldrysede 18 cm/7 sandwichforme (forme) og bag dem i en forvarmet ovn ved 160°C/325°F/gasmærke 3 i 25 minutter, indtil de er gyldne og fjedrende at røre ved. Lad det køle af i formene i 5 minutter, og vend derefter ud på en rist for at køle af. Skær hver kage i halve vandret.

Til fyldet piskes fløden stiv. Smør bundlaget på en kage med halvdelen af marmeladen og læg det andet lag ovenpå. Smør med halvdelen af cremen og læg det næste lag ovenpå. Smør med resten af sliket og dæk med det sidste lag. Fordel den resterende creme ovenpå og pynt med småkagekrummer og krystalliseret ingefær.

Drue og fersken Gâteau

Til en 20 cm/8 kage

4 æg

100 g/4 oz/½ kop hårdt (superfint) sukker

75 g/6 oz/1½ kopper almindeligt mel (all-purpose)

Knivspids salt

Til fyld og dekoration:

100 g/14 oz/1 stor dåse ferskner i sirup

450 ml/¾ pt/2 kopper dobbelt creme (tung)

50 g/2 oz/¼ kop pulveriseret sukker (superfint)

Et par dråber vaniljeessens (ekstrakt)

100 g/4 oz/1 kop hakkede hasselnødder

100 g/4 oz kerneløse druer

En kvist frisk mynte

Pisk æg og sukker, indtil blandingen er tyk og bleg og kommer væk fra piskeriset i bånd. Sigt mel og salt i og bland forsigtigt, indtil det er inkorporeret. Hæld i en smurt og meldrysset 20 cm/8 gryde og bag i en forvarmet ovn ved 180°C/350°F/gasmærke 4 i 30 minutter, indtil en tandstik indsat i midten kommer ren ud. Lad den køle af i gryden i 5 minutter, og vend den derefter ud på en rist for at køle af. Skær kagen i halve vandret.

Dræn fersknerne og gem 90 ml/6 spsk af siruppen. Skær halvdelen af fersknerne i tynde skiver og hak resten. Pisk fløden med sukker og vaniljeessens, til den er tyk. Dæk det nederste lag af kagen med halvdelen af cremen, drys med hakkede ferskner og skift toppen af kagen. Fordel den resterende creme over siderne og toppen af kagen. Drys hakkede valnødder på siderne. Arranger de snittede ferskner rundt om kanten af toppen af kagen og druerne i midten. Pynt med en kvist mynte.

Citron Gateau

Til en kagestørrelse 18 cm/7

Til kagen:

100 g/4 oz/½ kop smør eller margarine, blødgjort

100 g/4 oz/½ kop hårdt (superfint) sukker

2 æg, let pisket

100 g/4 oz/1 kop selvhævende mel

Knivspids salt

Revet skal og saft af 1 citron

Til glasuren (emalje):

100 g/4 oz/½ kop smør eller margarine, blødgjort

225 g/8 oz/11/3 kopper (flormelis) sukker, sigtet

100 g/4 oz/1/3 kop lemon curd

Isblomster til pynt

For at lave kagen, pisk smør eller margarine med sukkeret, indtil det er let og luftigt. Bland gradvist æggene, og tilsæt derefter mel, salt og citronskal. Hæld blandingen i to smurte og meldryssede 18 cm/7 sandwichforme (forme) og bag i en forvarmet ovn ved 180°C/350°F/gasmærke 4 i 25 minutter, indtil den er fast at røre ved. Lad afkøle.

For at lave frostingen, pisk smør eller margarine, indtil det er blødt, og tilsæt derefter flormelis og citronsaft, indtil det når en smørbar konsistens. Bland kagerne med lemon curd og fordel tre fjerdedele af frostingen over toppen og siderne af kagen, skær mønstre ud med en gaffel. Læg den resterende frosting i en sprøjtepose forsynet med en stjernespids (spids) og rørrosetter rundt om toppen af kagen. Pynt med isblomster.

Marron Gâteau

Til en 25 cm/10 kage

425 g/15 oz/1 stor dåse kastanjepuré

6 adskilte æg

5 ml/1 tsk vaniljeessens (ekstrakt)

5 ml/1 tsk kanelpulver

350 g/12 oz/2 kopper (flormelis) sukker, sigtet

100 g/4 oz/1 kop almindeligt mel (all-purpose)

5 ml/1 tsk pulveriseret gelatine

30 ml/2 spsk vand

15 ml/1 spsk rom

300 ml/½ pt/1¼ kop dobbelt creme (tung)

90 ml/6 spsk abrikosmarmelade (konserveret), sigtet (sigtet)

30 ml/2 spsk vand

450 g/1 lb/4 kopper almindelig (halvsød) chokolade, brækket i stykker

100 g/4 oz mandelmasse

30 ml/2 spsk hakkede pistacienødder

Sigt kastanjepuréen og blend, indtil den er glat, og del den derefter i to. Bland halvdelen med æggeblommer, vaniljeessens, kanel og 50 g/2 oz/1/3 kop flormelis. Pisk æggehviderne til stive toppe og pisk gradvist 175 g/6 oz/1 kop flormelis i, indtil der dannes stive toppe. Tilsæt æggeblomme- og kastanjeblandingen. Hæld melet i en smurt og meldrysset 25cm/10 pande og brug en ske. Bages i en forvarmet ovn ved 180°C/350°F/gasmærke 4 i 45 minutter, indtil den er elastisk at røre ved. Lad afkøle, dæk til og lad det stå natten over.

Drys gelatinen med vand i en skål og lad den blive svampet. Placer beholderen i en gryde med varmt vand og lad den stå, indtil den er opløst. Lad det køle lidt af. Bland den resterende kastanjepuré med det resterende sukker og rom. Pisk fløden stiv og bland den derefter i puréen med den opløste gelatine. Skær kagen vandret i tre dele og dæk dem med kastanjepuréen. Skær kanterne af og stil på køl i 30 minutter.

Kog marmeladen med vand, indtil den er godt blandet og pensl over toppen og siderne af kagen. Smelt chokoladen i en varmefast skål over en gryde med let kogende vand. Form mandelmassen til 16 kastanjeforme. Dyp bunden i den smeltede chokolade og derefter i pistacienødderne. Fordel den resterende chokolade over toppen og siderne og glat overfladen med en spatel. Anret mandelmassenødderne på kanten, mens chokoladen stadig er varm, og del i 16 skiver. Lad det køle af og stivne.

Tusind ark

Til en 23 cm/9 kage

225 g/8 oz butterdej

150 ml/¼ pt/2/3 dobbelt kop (tung) eller flødeskum

45 ml/3 spsk hindbærsyltetøj (konserveret)

Pulveriseret (flormelis) sukker, sigtet

Rul dejen ud (pastaen) til ca. 3 mm/1/8 tykkelse og skær i tre lige store rektangler. Anbring på en fugtig bageplade (småkage) og bag i en forvarmet ovn ved 200°C/400°F/gasmærke 6 i 10 minutter, indtil den er gylden. Lad afkøle på en rist. Pisk fløden stiv. Fordel marmeladen oven på to dejrektangler. Bland rektanglerne med cremen, dæk med den resterende creme. Server drysset med flormelis.

Orange Gateau

Til en kagestørrelse 18 cm/7

225 g/8 oz/1 kop smør eller margarine, blødgjort

100 g/4 oz/½ kop hårdt (superfint) sukker

2 æg, let pisket

100 g/4 oz/1 kop selvhævende mel

Knivspids salt

Revet skal og saft af 1 appelsin

225 g/8 oz/11/3 kopper (flormelis) sukker, sigtet

Glacé appelsinskiver (kandiserede) til dekoration

Pisk halvdelen af smør eller margarine og flormelis til skum. Bland gradvist æggene, og tilsæt derefter mel, salt og appelsinskal. Hæld blandingen i to smurte og meldryssede 18 cm/7 sandwichforme og bag i en forvarmet ovn ved 180°C/350°F/gasmærke 4 i 25 minutter, indtil den er fast at røre ved. Lad afkøle.

Pisk det resterende smør eller margarine, indtil det er blødt, og tilsæt derefter pulveriseret sukker og appelsinjuice for at lave en pasta. Stabel kagerne med en tredjedel af frostingen, fordel derefter resten over toppen og siderne af kagen og skær formene ud med en gaffel. Pynt med kandiserede appelsinskiver.

Appelsinmarmeladekage i fire faser

Til en 23 cm/9 kage

Til kagen:

200 ml/7 fl oz/mindre end 1 kop vand

25 g/1 oz/2 spsk smør eller margarine

4 æg, let pisket

300 g/11 oz/1 1/3 kopper (superfint) sukker

5 ml/1 tsk vaniljeessens (ekstrakt)

300 g/11 oz/2¾ kopper almindeligt mel (all-purpose)

10 ml/2 tsk bagepulver

Knivspids salt

Til fyldet:

30 ml/2 spsk almindeligt hvedemel

30 ml/2 spsk majsmel (majsstivelse)

15 ml/1 spsk sukker (superfint).

2 separate æg

450 ml/¾ pt/2 kopper mælk

5 ml/1 tsk vaniljeessens (ekstrakt)

120 ml/4 fl oz/½ kop sød sherry

175 g/6 oz/½ kop appelsinmarmelade

120 ml/4 fl oz/½ kop dobbelt creme (tung)

100 g knuste ristede peanuts

For at forberede kagen koges vand med smør eller margarine. Pisk æg og sukker let og luftigt og fortsæt med at piske indtil blandingen er meget lys. Pisk vaniljeessensen i, drys med mel, bagepulver og salt og dæk med en kogende blanding af smør og vand. Bland indtil kombineret. Hæld i to smurte og meldrysede 23 cm/9 sandwichforme (forme) og bag dem i en forvarmet ovn ved 180°C/350°F/gasmærke 4 i 25 minutter, indtil de er gyldne og fjedrende at røre ved. Lad det køle af i formene i 3 minutter, og vend derefter ud på en rist for at køle af. Skær hver kage i halve vandret.

Til fyldet blandes mel, majsmel, sukker og æggeblommer med lidt mælk, indtil der dannes en pasta. Kog den resterende mælk i en gryde, hæld i blandingen og pisk til en jævn masse. Vend tilbage til den vaskede gryde og kog ved svag varme under konstant omrøring, indtil den tykner. Tag af varmen og rør vaniljeessensen i og lad den køle lidt af. Pisk æggehviderne stive og bland.

Sprøjt fire kagelag med sherry, fordel tre med marmelade, og fordel cremen over toppen. Saml lagene sammen til en fire-lags sandwich. Pisk fløden stiv og læg den ovenpå kagen. Drys med peanut britle.

Pecan og daddel Gâteau

Til en 23 cm/9 kage

Til kagen:

250 ml/8 fl oz/1 kop kogende vand

450 g/1 lb/2 kopper udstenede dadler, finthakket

2,5 ml/½ teskefuld bagepulver (bagepulver)

225 g/8 oz/1 kop blødgjort smør eller margarine

225 g/8 oz/1 kop granuleret sukker (superfint)

3 æg

100 g/4 oz/1 kop hakkede valnødder

5 ml/1 tsk vaniljeessens (ekstrakt)

350 g/12 oz/3 kopper almindeligt mel (all-purpose)

10 ml/2 teskefulde kanelpulver

5 ml/1 tsk bagepulver

Til glasuren (emalje):

120 ml/4 fl oz/½ kop vand

30 ml/2 spsk kakaopulver (usødet chokolade)

10 ml/2 teskefulde instant kaffepulver

100 g/4 oz/½ kop smør eller margarine

400 g/14 oz/21/3 kopper (flormelis) sukker, sigtet

50 g/2 oz/½ kop valnødder, finthakkede

Kagen tilberedes ved at hælde kogende vand over dadlerne og natron og stille den til afkøling. Pisk smør eller margarine med flormelis til det er lyst og luftigt. Bland gradvist æggene i, derefter valnødder, vaniljeessens og dadler. Tilsæt mel, kanel og gær. Hæld i to smurte 23 cm/9 pander og bag dem i en forvarmet ovn ved

180°C/350°F/gasmærke 4 i 30 minutter, indtil de er bløde at røre ved. Vend ud på en rist til afkøling.

For at lave glasuren koger du vand, kakao og kaffe i en lille gryde, indtil du får en tyk sirup. Lad afkøle. Pisk smør eller margarine og flormelis til det er blødt, og tilsæt derefter siruppen. Sandwich kagerne med en tredjedel af frostingen. Fordel halvdelen af den resterende frosting på siderne af kagen og pres de hakkede valnødder i. Fordel det meste af den resterende glasur over toppen og rør i et par rosetter glasur.

Blomme og kanel Gâteau

Til en 23 cm/9 kage

350 g/12 oz/1½ kopper smør eller margarine, blødgjort

175 g/6 oz/¾ kop (superfint) sukker

3 æg

150 g/5 oz/1¼ kopper selvhævende mel

5 ml/1 tsk bagepulver

5 ml/1 tsk kanelpulver

350 g/12 oz/2 kopper (flormelis) sukker, sigtet

5 ml/1 tsk revet appelsinskal

100 g/4 oz/1 kop groft malede hasselnødder

300 g/11 oz/1 medium dåse blommer, drænet

Pisk halvdelen af smør eller margarine og flormelis til skum. Bland gradvist æggene, og tilsæt derefter mel, bagepulver og kanel. Hæld i en smurt og meldrysset firkantet form på 23 cm/9 (bageplade) og bag i en forvarmet ovn ved 180°C/350°F/gasmærke 4 i 40 minutter, indtil en tandstik indsat i midten kommer ren ud. Tag den ud af formen og lad den køle af.

Pisk det resterende smør eller margarine, indtil det er blødt, og tilsæt derefter flormelis og revet appelsinskal. Skær kagen i halve vandret og bland de to halvdele med to tredjedele af frostingen. Fordel det meste af den resterende frosting over toppen og siderne af kagen. Drys valnødderne på siderne af kagen og anret blommerne smukt ovenpå. Pynt den resterende frosting rundt om den øverste kant af kagen.

Trimning af Gâteau-laget

Til en 25 cm/10 kage

Til kagen:

225 g/8 oz/1 kop smør eller margarine

300 g/10 oz/2¼ kopper granuleret sukker (superfint)

3 separate æg

450 g/1 lb/4 kopper almindeligt mel (all-purpose)

5 ml/1 tsk bagepulver

5 ml/1 tsk bagepulver (bagepulver)

5 ml/1 tsk kanelpulver

5 ml/1 tsk revet muskatnød

2,5 ml/½ teskefuld stødt nelliker

Knivspids salt

250 ml/8 fl oz/1 kop almindelig fløde (let)

225 g/8 oz/11/3 kopper udstenede (udstenede) kogte blommer, fint hakkede

Til fyldet:

250 ml/8 fl oz/1 kop almindelig fløde (let)

100 g/4 oz/½ kop hårdt (superfint) sukker

3 æggeblommer

225 g/8 oz/11/3 kopper udstenede kogte svesker

30 ml/2 spsk revet appelsinskal

5 ml/1 tsk vaniljeessens (ekstrakt)

50 g/2 oz/½ kop hakkede blandede nødder

For at forberede kagen skal du fløde smør eller margarine og sukker. Bland gradvist æggeblommerne i, og bland derefter mel, bagepulver, natron, krydderier og salt i. Tilsæt fløde og blommer. Pisk æggehviderne til de danner faste toppe og bland i blandingen. Fordel i tre smurte og meldrysede 25 cm/10 sandwichforme (forme) og bag dem i en forvarmet ovn ved 180°C/350°F/gasmærke 4 i 25 minutter, indtil de er gennemhævet og bløde at røre ved. Lad afkøle.

Bland alle ingredienserne til fyldet, undtagen nødderne, indtil det er godt blandet. Kom i en gryde og varm op ved svag varme under konstant omrøring, indtil det tykner. Fordel en tredjedel af fyldet over bunden af kagen og drys med en tredjedel af valnødderne. Læg den anden kage ovenpå og dæk med halvdelen af den resterende frosting og halvdelen af de resterende nødder. Læg den sidste kage ovenpå og fordel den resterende frosting og nødder over.

Regnbue stribe kage

Til en kagestørrelse 18 cm/7

Til kagen:

100 g/4 oz/½ kop smør eller margarine, blødgjort

225 g/8 oz/1 kop granuleret sukker (superfint)

3 separate æg

225 g/8 oz/2 kopper almindeligt mel (all-purpose)

Knivspids salt

120 ml/4 fl oz/½ kop mælk, plus lidt ekstra

5 ml/1 tsk vinsyre

2,5 ml/½ teskefuld bagepulver (bagepulver)

Et par dråber citronessens (ekstrakt)

Et par dråber rød madfarve

10 ml/2 tsk kakao (usødet chokolade) pulver

Til fyld og topping (glasur):

225 g/8 oz/11/3 kopper (flormelis) sukker, sigtet

50 g/2 oz/¼ kop smør eller margarine, blødgjort

10 ml/2 tsk kogende vand

5 ml/1 tsk mælk

2,5 ml/½ tsk vaniljeessens (ekstrakt)

Farverige sukkertråde til dekoration

For at lave kagen, pisk smør eller margarine med sukkeret, indtil det er let og luftigt. Pisk æggeblommerne lidt efter lidt, og tilsæt derefter mel og salt skiftevis med mælken. Bland tandsten og natron med lidt mælk og tilsæt til blandingen. Pisk æggehviderne stive og bland i blandingen med en metalske. Del blandingen i tre lige store dele. Bland citronessens i den første skål, rød madfarve i den anden og kakao i den tredje skål. Hæld blandingen i smurte og meldrysede 18 cm/7 forme (bageforme) og bag i en forvarmet ovn ved 180°C/350°F/gasmærke 4 i 25 minutter, indtil den er gylden og fjedrende at røre ved. Lad det køle af i formene i 5 minutter, og vend derefter ud på en rist for at køle af.

For at lave glasuren, læg flormelissen i en skål og lav en brønd i midten. Pisk gradvist smør eller margarine, vand, mælk og vaniljeessens, indtil du får en smørbar blanding. Sandwich kagerne med en tredjedel af blandingen, og fordel derefter resten over toppen og siderne af kagen, fnug overfladen med en gaffel. Drys toppen med farvede sukkertråde.

Gâteau St-Honoré

Til en 25 cm/10 kage

Til choux wienerbrød:

50 g/2 oz/¼ kop usaltet smør eller margarine (sød)

150 ml/¼ pt/2/3 kop mælk

Knivspids salt

50 g/2 oz/½ kop almindeligt mel (alle formål)

2 æg, let pisket

225 g/8 oz butterdej

1 æggeblomme

Til karamellen:

225 g/6 oz/¾ kop (superfint) pulveriseret sukker

90 ml/6 spiseskefulde vand

Til fyld og dekoration:

5 ml/1 tsk pulveriseret gelatine

15 ml/1 spsk vand

1 mængde vaniljecreme

3 æggehvider

175 g/6 oz/¾ kop (superfint) sukker

90 ml/6 spiseskefulde vand

For at forberede chokoladedejen skal du smelte smørret med mælken og saltet ved svag varme. Bring hurtigt i kog, tag af varmen og rør hurtigt melet i og rør rundt, indtil dejen trækker sig væk fra siderne af gryden. Lad det køle lidt af og bland lidt efter lidt æggene i og fortsæt med at piske til det er glat og blankt.

Rul butterdejen ud i 26 cm/10½ cirkler, læg dem på en smurt bageplade (kiks) og prik dem med en gaffel. Overfør choux-dejen til en kagepose udstyret med en 1 cm/½ almindelig dyse (spids) og rund kanten af butterdejen. Fold den anden cirkel halvvejs mod midten. Rul den resterende choux-dej til små kugler på en separat smurt bageplade. Pensl alle kager med ægvask og bag dem i en forvarmet ovn ved 220°C/425°F/gasmærke 7 i 12 minutter til kuglerne og 20 minutter til bunden, indtil de er gyldne og hævede.

For at lave karamellen skal du opløse sukkeret i vandet og koge uden omrøring i ca. 8 minutter ved 160°C/320°F indtil lys karamel. Fordel karamellen lidt ad gangen på den yderste ring. Dyp den øverste halvdel af kuglerne i karamellen og tryk dem ind i den yderste dejring.

For at forberede fyldet, drys gelatinen med vand i en skål og lad den blive svampet. Placer beholderen i en gryde med varmt vand og lad den stå, indtil den er opløst. Lad det køle lidt af og bland vaniljecremen i. Pisk æggehviderne stive. I mellemtiden koger du sukkeret og vandet ved 120°C/250°F eller indtil en dråbe koldt vand danner en hård kugle. Bland gradvist æggehviderne i og pisk til det er koldt. Bland i cremen. Fordel cremen i midten af kagen og lad den køle af inden servering.

Jordbær Choux Gâteau

Til en 23 cm/9 kage

50 g/2 oz/¼ kop smør eller margarine

150 ml/¼ pt/2/3 kop vand

75 g/3 oz/1/3 kop almindeligt mel (all-purpose)

Knivspids salt

2 æg, let pisket

50 g/2 oz/1/3 kop pulveriseret sukker (flormelis), sigtet

300 ml/½ pt/1¼ kopper dobbelt flødeskum (tung)

225 g/8 oz jordbær, halveret

25 g/1 oz/¼ kop skivede mandler

Kom smør eller margarine og vand i en gryde og bring det langsomt i kog. Fjern fra varmen og bland hurtigt mel og salt i. Pisk æggene gradvist, indtil dejen er blank og kommer væk fra siderne af gryden. Hæld blandingen i en cirkel på en smurt bageplade og bag i en forvarmet ovn ved 220°C/425°F/gasmærke 7 i 30 minutter, indtil den er gylden. Lad afkøle. Skær kagen i halve vandret. Pisk flormelis i cremen. Fold halvdelene sammen med fløde, jordbær og mandler.

Jordbær kage

Til en 20 cm/8 kage

1 kogeæble (tærte), skrællet, udkeret og skåret i skiver

25 g/1 oz/3 spsk hakkede tørrede figner

25 g/1 oz/3 spsk rosiner

75 g/3 oz/1/3 kop smør eller margarine

2 æg

175 g/6 oz/1½ kopper almindeligt mel (alle formål)

5 ml/1 tsk bagepulver

30 ml/2 spsk mælk

225 g/8 oz skivede jordbær

225 g/8 oz/1 kop lagret frais

Pisk æbler, figner, rosiner og smør eller margarine let og luftigt. Pisk æggene, tilsæt mel, gær og nok mælk til at danne en blød dej. Hæld i en smurt 20 cm/8 tommer springform (bageplade) og bag i en forvarmet ovn ved 180°C/350°F/gasmærke 4 i 30 minutter, indtil den er fast at røre ved. Tag den ud af formen og lad den køle af. Skær kagen i halve vandret. Sandwich sammen med jordbær og friskost.

Malaga-infunderet spansk kage

Til en 23 cm/9 kage

8 æg

700 g/1½ lb/3 kopper granuleret sukker

350 g/12 oz/3 kopper almindeligt mel (all-purpose)

300 ml/½ pt/1¼ kop vand

350 g/12 oz/1½ kopper brun farin

400 ml/14 fl oz/1¾ kop malaga eller forstærket vin

kanelpulver

Pisk æggene og halvdelen af det perlesukker i en varmefast skål placeret over en gryde med kogende vand, indtil der dannes en tyk sirup. Tilsæt melet lidt efter lidt under konstant omrøring. Hæld i en smurt og meldrysset firkantet form på 23 cm/9 (bageplade) og bag dem i en forvarmet ovn ved 190°C/375°F/gasmærke 5 i 45 minutter, indtil de er bløde at røre ved. Lad den køle af i gryden i 5 minutter, inden den vendes ud på en rist til afkøling.

Varm imens vandet op i en gryde og tilsæt det resterende perlesukker og farin. Kog over medium varme i cirka 25 minutter, indtil du får en tyk og gennemsigtig sirup. Fjern fra varmt og lad afkøle. Bland malagaen eller vinen godt. Hæld siruppen over kagen og server drysset med kanel.

julekage

Til en 23 cm/9 kage

350 g/12 oz/1½ kopper smør eller margarine, blødgjort

350 g/12 oz/1½ kopper brun farin

6 æg

450 g/1 lb/4 kopper almindeligt mel (all-purpose)

Knivspids salt

5 ml/1 tsk malet blandet krydderi (æblekage).

225 g/8 oz/11/3 kopper rosiner

450 g/1 lb/22/3 kopper sultanas (gyldne rosiner)

225 g/8 oz/11/3 kopper ribs

175 g/6 oz/1 kop hakket blandet skræl (kandiseret)

50 g/2 oz/¼ kop kandiserede kirsebær (kandiserede), hakket

100 g/4 oz/1 kop hakkede mandler

30 ml/2 spsk melasse (blackstrap melasse)

45 ml/3 spsk brandy

mandelmasse

Royal glasur

Pisk smør eller margarine og sukker, indtil det er blødt, og tilsæt derefter æggene et efter et. Tilsæt mel, salt og krydderier og bland alle de resterende ingredienser. Hæld i en smurt og meldrysset form på 23 cm/9 cm og bag ved 140°C/275°F/gasmærke 1 i 6 og en halv time, indtil en tandstik indsat i midten kommer ren ud. Afkøl helt, pak ind i folie og opbevar i en lufttæt beholder i mindst tre uger, inden du dækker med mandelmasse og pynter med royal icing, hvis det ønskes.

engle mad

Til en 23 cm/9 kage

75 g/3 oz/¾ kop almindeligt mel (all-purpose)

25 g/1 oz/2 spsk majsmel (majsstivelse)

Knivspids salt

225 g/8 oz/1 kop granuleret sukker (superfint)

10 æggehvider

1 spsk citronsaft

1 tsk fløde tatar

1 tsk vanilje essens (ekstrakt)

Bland mel og salt med en fjerdedel af sukkeret og sigt godt. Pisk halvdelen af æggehviderne med halvdelen af citronsaften til skum. Tilsæt halvdelen af vinfløden og en teskefuld sukker og bland, indtil der dannes stive toppe. Gentag med de resterende æggehvider, bland dem sammen og vend gradvist det resterende sukker og vaniljeekstrakt i, indtil det er skummende. Bland melblandingen meget gradvist i æggehviden. Hæld i en smurt 23 cm/9-pande (bageplade) og bag i en forvarmet ovn ved 180°C/350°F/gasmærke 4 i 45 minutter, indtil den er fast at røre ved. Vend gryden over på en rist og lad afkøle i gryden, inden den tages ud.

brombær sandwich

Til en kagestørrelse 18 cm/7

175 g/6 oz/¾ kop smør eller margarine, blødgjort

175 g/6 oz/¾ kop (superfint) sukker

3 æg, pisket

175 g/6 oz/1 ½ kopper selvhævende mel (selvhævende)

5 ml/1 tsk vaniljeessens (ekstrakt)

300 ml/½ pt/1¼ kop dobbelt creme (tung)

225 g/8 oz Blackberry

Pisk smør eller margarine med sukker, indtil det er lyst og luftigt. Bland gradvist æggene, og tilsæt derefter mel og vaniljeessens. Hæld i to smurte og meldrysede 18 cm/7 forede kageforme (bageplader) og bag dem i en forvarmet ovn ved 190°C/375°F/gasmærke 5 i 25 minutter, indtil de er bløde at røre ved. Lad afkøle.

Pisk fløden stiv. Fordel halvdelen af en af kagerne, fordel brombærene ovenpå og dryp med den resterende creme. Dæk med en anden kage og server.

Gylden smørkage

Til en 23 cm/9 kage

225 g/8 oz/1 kop smør eller margarine, blødgjort

450 g/1 lb/2 kopper pulveriseret sukker (superfint)

5 separate æg

250 ml/8 fl oz/1 kop almindelig yoghurt

400 g/14 oz/3½ kopper almindeligt mel (alle formål)

10 ml/2 tsk bagepulver

Knivspids salt

Pisk smør eller margarine og sukker let og luftigt. Bland gradvist blommer og yoghurt, og tilsæt derefter mel, gær og salt. Pisk æggehviderne, indtil de danner stive toppe, og vend dem forsigtigt i blandingen med en metalske. Anbring i en smurt 23 cm/9-pande (bageplade) og bag i en forvarmet ovn ved 180°C/350°F/gasmærke 4 i 45 minutter, indtil den er gylden og fjedrende at røre ved. Lad den køle af i gryden i 10 minutter, og vend den derefter ud på en rist for at køle af.

Alt sammen i én kaffesvamp

Til en 20 cm/8 kage

100 g/4 oz/½ kop smør eller margarine, blødgjort

100 g/4 oz/½ kop hårdt (superfint) sukker

100 g/4 oz/1 kop selvhævende mel

2,5 ml/½ tsk bagepulver

Opløs 15 ml/1 ske opløseligt kaffepulver i 10 ml/2 skeer varmt vand

2 æg

Bland alle ingredienser, indtil det er godt blandet. Hæld i en smurt og meldrysset 20 cm/8-form (bageform) og bag i en forvarmet ovn ved 180°C/350°F/gasmærke 4 i 30 minutter, indtil den er gennemhævet og blød at røre ved.

tjekkisk kiks

Til en kage på 15 x 25 cm/10 x 6

350 g/12 oz/3 kopper almindeligt mel (all-purpose)

100 g/4 oz/2/3 kop (flormelis) sukker, sigtet

100 g/4 oz/1 kop malede hasselnødder eller mandler

15 ml/1 spsk bagepulver

150 ml/¼ pt/2/3 kop mælk

2 æg, let pisket

250 ml/8 fl oz/1 kop solsikkeolie

225 g/8 oz frisk frugt

Til glasuren:

400 ml/14 fl oz/1¾ kop frugtjuice

20 ml/4 teskefulde pilrod

Bland de tørre ingredienser. Bland mælk, æg og olie og tilsæt til blandingen. Hæld i en smurt 15 x 25 cm/6 x 10 form og bag i en forvarmet ovn ved 180°C/350°F/gasmærke 4 i ca. 35 minutter, indtil den er stivnet. Lad afkøle.

Arranger frugterne på kiksebunden. Kog frugtsaften og arrowroot, rør til det er tyknet og læg glasuren ovenpå kagen.

En simpel honningkage

Til en 20 cm/8 kage

100 g/4 oz/½ kop smør eller margarine, blødgjort

25 g/1 oz/2 spsk strøsukker (superfint)

60 ml/4 spsk ren honning

2 æg, let pisket

175 g/6 oz/1 ½ kopper selvhævende mel (selvhævende)

2,5 ml/½ tsk bagepulver

5 ml/1 tsk kanelpulver

15 ml/1 spsk vand

Blend alle ingredienser, indtil du får en jævn konsistens. Hæld i en smurt og meldrysset 20 cm/8-pande (bageform) og bag i en forvarmet ovn ved 190°C/375°F/gasmærke 5 i 30 minutter, indtil den er gennemhævet og blød at røre ved.

Svamp med citron alt i ét

Til en 20 cm/8 kage

100 g/4 oz/½ kop smør eller margarine, blødgjort

100 g/4 oz/½ kop hårdt (superfint) sukker

100 g/4 oz/1 kop selvhævende mel

2,5 ml/½ tsk bagepulver

Skal af 1 citron

15 ml/1 spsk citronsaft

2 æg

Bland alle ingredienser, indtil det er godt blandet. Hæld i en smurt og meldrysset 20 cm/8-form (bageform) og bag i en forvarmet ovn ved 180°C/350°F/gasmærke 4 i 30 minutter, indtil den er gennemhævet og blød at røre ved.

Citron Chiffon kage

Til en 25 cm/10 kage

225 g/8 oz/2 kopper selvhævende mel

15 ml/1 spsk bagepulver

5 ml/1 tsk salt

350 g/12 oz/1½ kopper strøsukker (superfint)

7 separate æg

120 ml/4 fl oz/½ kop olie

175 ml/6 fl oz/¾ kop vand

10 ml/2 tsk revet citronskal

5 ml/1 tsk vaniljeessens (ekstrakt)

2,5 ml/½ teskefuld vinsyre

Bland mel, gær, salt og sukker og lav en fordybning i midten. Bland blommer, olie, vand, citronskal og vaniljeessens og bland med de tørre ingredienser. Pisk æggehvider og fløde af tatar til det er fast. Fold i kageblandingen. Anbring i en usmurt 25 cm/10 tommer form (bageplade) og bag i en forvarmet ovn ved 160°C/325°F/gasmærke 3 i 1 time. Sluk for ovnen, men lad kagen stå i yderligere 8 minutter. Tag ud af ovnen og vend på en rist for at afslutte afkølingen.

Citronkage

Giver en kage på 900 g

100 g/4 oz/½ kop smør eller margarine, blødgjort

175 g/6 oz/¾ kop (superfint) sukker

2 æg, let pisket

175 g/6 oz/1 ½ kopper selvhævende mel (selvhævende)

60 ml/4 spsk mælk

Skal af 1 citron

Til siruppen:

60 ml/4 spsk sigtet flormelis

45 ml/3 spsk citronsaft

Pisk smør eller margarine og sukker let og luftigt. Tilsæt gradvist æggene, derefter mel, mælk og citronskal og bland til en jævn masse. Hæld i en smurt og meldrysset 900g/2lb bradepande (bageplade) og bag i en forvarmet ovn ved 180°C/350°F/gasmærke 4 i 45 minutter, indtil den er blød at røre ved.

Bland flormelis og citronsaft og hæld over kagen, så snart den kommer ud af ovnen. Lad modellen køle af.

Citron og vanilje kage

Giver en kage på 900 g

225 g/8 oz/1 kop smør eller margarine, blødgjort

450 g/1 lb/2 kopper pulveriseret sukker (superfint)

4 separate æg

350 g/12 oz/3 kopper almindeligt mel (all-purpose)

10 ml/2 tsk bagepulver

200 ml/1 kop kortmælk

2,5 ml/½ tsk citronessens (ekstrakt)

2,5 ml/½ tsk vaniljeessens (ekstrakt)

Pisk smør og sukker til skum, og bland derefter æggeblommerne i. Bland mel og gær skiftevis med mælken. Bland citron og vaniljeessens. Pisk æggehviderne, indtil der dannes bløde toppe, som forsigtigt foldes ind i blandingen. Hæld i en smurt 900g/2lb-form (bageplade) og bag i en forvarmet ovn ved 150°C/300°F/gasmærke 2 i 1¼ time, indtil den er gylden og fjedrende at røre ved.

Madeira kage

Til en kagestørrelse 18 cm/7

175 g/6 oz/¾ kop smør eller margarine, blødgjort

175 g/6 oz/¾ kop (superfint) sukker

3 store æg

150 g/5 oz/1¼ kopper selvhævende mel

100 g/4 oz/1 kop almindeligt mel (all-purpose)

Knivspids salt

Revet skal og saft af ½ citron

Pisk smør eller margarine og sukker til det er lyst og luftigt. Tilsæt æggene et ad gangen, pisk godt mellem hvert. Vend de resterende ingredienser i. Hæld i en smurt og meldrysset engelsk kageform (18 cm/7) og jævn overfladen. Bages i en forvarmet ovn ved 160°C/325°F/gasmærke 3 i 1-1¼ time, indtil den er gylden og fjedrende at røre ved. Lad den køle af i gryden i 5 minutter, inden den vendes ud på en rist til afkøling.

tusindfryd kage

Til en 20 cm/8 kage

4 separate æg

15 ml/1 spsk sukker (superfint).

175 g/6 oz/1½ kopper almindeligt mel (alle formål)

100 g/4 oz/1 kop kartoffelmel

2,5 ml/½ tsk vaniljeessens (ekstrakt)

25 g/1 oz/3 spsk flormelis, sigtet

Pisk æggeblommer og sukker, indtil du får en hvidlig creme. Bland gradvist mel, kartoffelmel og vaniljeessens i. Pisk æggehviderne stive og bland i blandingen. Kom blandingen i en smurt og meldrysset 20 cm/8 gryde (bageform) og bag i en forvarmet ovn ved 200°C/400°F/gasmærke 6 i kun 5 minutter. Tag kagen ud af ovnen og lav et kryds på toppen med en skarp kniv, sæt den tilbage i ovnen hurtigst muligt og bag i yderligere 5 minutter. Reducer ovntemperaturen til 180°C/350°F/gasmærke 4 og bag i yderligere 25 minutter, indtil den er gennemhævet og gylden. Lad afkøle og server drysset med flormelis.

Kage med varm mælk

Til en 23 cm/9 kage

4 æg, let pisket

5 ml/1 tsk vaniljeessens (ekstrakt)

450 g/1 lb/2 kopper granuleret sukker

225 g/8 oz/2 kopper selvhævende mel

10 ml/2 tsk bagepulver

2,5 ml/½ tsk salt

250 ml/8 fl oz/1 kop mælk

25 g/1 oz/2 spsk smør eller margarine

Pisk æg, vaniljeessens og sukker til skum. Bland gradvist mel, gær og salt. Kog mælk og smør eller margarine i en lille gryde, tilsæt blandingen og bland godt. Anbring i en smurt og meldrysset 23cm/9-form (bageform) og bag i en forvarmet ovn ved 180°C/350°F/gasmærke 4 i 40 minutter, indtil den er gylden og fjedrende at røre ved.

mælkekiks

Til en 20 cm/8 kage

150 ml/¼ pt/2/3 kop mælk

3 æg

175 g/6 oz/¾ kop (superfint) sukker

5 ml/1 tsk citronsaft

350 g / 12 oz / 3 kopper almindeligt mel (all-purpose)

5 ml/1 tsk bagepulver

Varm mælken op i en gryde. Pisk æggene i en skål, indtil de er tykke og cremede, og tilsæt derefter sukker og citronsaft. Hæld mel og gær i og pisk gradvist den varme mælk i, indtil det er glat. Hæld i en smurt 20 cm/8-pande (bageplade) og bag i en forvarmet ovn ved 180°C/350°F/gasmærke 4 i 20 minutter, indtil den er gennemhævet og blød at røre ved.

Alt sammen i en mokka svamp

Til en 20 cm/8 kage

100 g/4 oz/½ kop smør eller margarine, blødgjort

100 g/4 oz/½ kop hårdt (superfint) sukker

100 g/4 oz/1 kop selvhævende mel

2,5 ml/½ tsk bagepulver

Opløs 15 ml/1 ske opløseligt kaffepulver i 10 ml/2 skeer varmt vand

15 ml/1 spsk kakaopulver (usødet chokolade)

2 æg

Bland alle ingredienser, indtil det er godt blandet. Hæld i en smurt og meldrysset 20 cm/8-form (bageform) og bag i en forvarmet ovn ved 180°C/350°F/gasmærke 4 i 30 minutter, indtil den er gennemhævet og blød at røre ved.

muscat kage

Til en kagestørrelse 18 cm/7

175 g/6 oz/¾ kop smør eller margarine, blødgjort

175 g/6 oz/¾ kop (superfint) sukker

3 æg

30 ml/2 spsk sød Muscatel-vin

225 g/8 oz/2 kopper almindeligt mel (all-purpose)

10 ml/2 tsk bagepulver

Pisk smør eller margarine og sukker let og luftigt og bland lidt efter lidt æg og vin i. Tilsæt mel og gær og bland til en jævn masse. Hæld i en smurt og meldrysset form på 18 cm/7 (bageform) og bag i en forvarmet ovn ved 180°C/350°F/gasmærke 4 i 1¼ time, indtil den er gylden og fjedrende at røre ved. Lad den køle af i gryden i 5 minutter, og vend den derefter ud på en rist for at køle af.

En alt-i-en orange svamp

Til en 20 cm/8 kage

100 g/4 oz/½ kop smør eller margarine, blødgjort

100 g/4 oz/½ kop hårdt (superfint) sukker

100 g/4 oz/1 kop selvhævende mel

2,5 ml/½ tsk bagepulver

Revet skal af 1 appelsin

15 ml/1 spsk appelsinjuice

2 æg

Bland alle ingredienser, indtil det er godt blandet. Hæld i en smurt og meldrysset 20 cm/8-form (bageform) og bag i en forvarmet ovn ved 180°C/350°F/gasmærke 4 i 30 minutter, indtil den er gennemhævet og blød at røre ved.

en fælles kage

Til en 23 cm/9 kage

50 g/2 oz/¼ kop smør eller margarine

225 g/8 oz/2 kopper almindeligt mel (all-purpose)

2,5 ml/½ tsk salt

15 ml/1 spsk bagepulver

30 ml/2 spsk pulveriseret sukker (superfint)

250 ml/8 fl oz/1 kop mælk

Gnid smørret eller margarinen ind i mel, salt og bagepulver, indtil blandingen minder om brødkrummer. Bland sukkeret. Tilsæt mælken lidt efter lidt og rør til en jævn dej. Tryk forsigtigt ned i en smurt 23 cm/9 gryde og bag i en forvarmet ovn ved 160°C/325°F/gasmærke 3 i ca. 30 minutter, indtil de er gyldne.

spansk kiks

Til en 23 cm/9 kage

4 separate æg

100 g/4 oz/½ kop granuleret sukker

Revet skal af ½ citron

25 g/1 oz/¼ kop majsmel

25 g/1 oz/¼ kop almindeligt mel (all-purpose)

30 ml/2 spsk sigtet flormelis

Pisk æggeblommer, sukker og citronskal til skum. Tilsæt majsmel og mel gradvist. Pisk æggehviderne stive og bland dem derefter i dejen. Kom blandingen i en smurt 23 cm/9 firkantet form (bageplade) og bag i en forvarmet ovn ved 220°C/425°F/gasmærke 7 i 6 minutter. Tag straks af gryden og lad den køle af. Server drysset med flormelis.

sejrs sandwich

Til en 23 cm/7 kage

175 g/6 oz/¾ kop smør eller margarine, blødgjort

175 g/6 oz/¾ kop pulveriseret sukker (superfint), plus ekstra til aftørring

3 æg, pisket

175 g/6 oz/1 ½ kopper selvhævende mel (selvhævende)

60 ml/4 spsk jordbærsyltetøj (konserveret)

Pisk smør eller margarine, indtil det er blødt, og pisk derefter sukkeret i, indtil det er let og luftigt. Bland gradvist æggene i og bland derefter melet i. Fordel blandingen jævnt mellem to smurte og meldryssede 18 cm/7 bageplader. Bages i en forvarmet ovn ved 190°C/375°F/gasmærke 5 i omkring 20 minutter, indtil den er gennemhævet og fjedrende at røre ved. Vend ud på en rist til afkøling, bland med marmeladen og drys med sukker.

cookie trin for trin

Til en 20 cm/8 kage

2 æg

75 g/3 oz/1/3 kop granuleret sukker (superfint)

50 g/2 oz/½ kop almindeligt mel (alle formål)

120 ml/4 fl oz/½ kop dobbelt flødeskum (tung)

45 ml/3 spsk hindbærsyltetøj (konserveret)

Pulveriseret (flormelis) sukker, sigtet

Pisk æg og sukker i mindst 5 minutter, indtil det er bleg. Bland melet. Hæld i en smurt og meldrysset 20 cm/8 gryde og bag i en forvarmet ovn ved 190°C/375°F/gasmærke 5 i 20 minutter, indtil de er bløde at røre ved. Lad afkøle på en rist.

Skær kagen i halve vandret og lim de to halvdele sammen med fløde og marmelade. Drys flormelis ovenpå.

kiksemølle

Til en 20 cm/8 kage

Til kagen:

175 g/6 oz/1 ½ kopper selvhævende mel (selvhævende)

5 ml/1 tsk bagepulver

175 g/6 oz/¾ kop smør eller margarine, blødgjort

175 g/6 oz/¾ kop (superfint) sukker

3 æg

5 ml/1 tsk vaniljeessens (ekstrakt)

Til glasuren (emalje):

100 g/4 oz/½ kop smør eller margarine, blødgjort

175 g/6 oz/1 kop pulveriseret sukker (konfekture), sigtet

75 ml/5 spsk jordbærsyltetøj (konserveret)

Sukkertråde og nogle kandiserede (kandiserede) skiver af appelsiner og citroner til dekoration

Bland alle kageingredienserne, indtil du får en blød kagedej. Hæld i to smurte og meldrysede 20 cm/8 forede forme (forme) og bag dem i en forvarmet ovn ved 160°C/325°F/gasmærke 3 i 20 minutter, indtil de er gyldne og fjedrende at røre ved. Lad det køle af i formene i 5 minutter, og vend derefter ud på en rist for at køle af.

For at lave frostingen, fløg smørret eller margarinen med flormelis, indtil det når en smørbar konsistens. Fordel marmeladen over den ene kage, fordel derefter halvdelen af frostingen og læg den anden kage ovenpå. Fordel den resterende frosting over toppen af kagen og jævn med en spatel. Klip en 20 cm/8 cirkel af smurt (vokset) papir og fold den i 8 dele. Efterlad en lille cirkel i midten til at holde hele papiret, klip alternative segmenter og læg papiret oven på kagen som en skabelon. Drys de udsatte dele med sukkertråde, fjern papiret og anbring appelsin- og citronskiverne i et attraktivt mønster på de udækkede dele.

schweizerrulle

Til en rullestørrelse 20 cm/8

3 æg

75 g/3 oz/1/3 kop granuleret sukker (superfint)

75 g/3 oz/¾ kop selvhævende mel

Strøsukker (superfint) til drys

75 ml/5 spsk hindbærsyltetøj (konserveret)

Pisk æg og sukker i cirka 10 minutter, indtil det er meget lyst og tykt, og blandingen kommer ud af røremaskinen i bånd. Fold melet og ske i en smurt og meldrysset 30 x 20 cm/12 x 8 rouladeform (geléform). Bages i en forvarmet ovn ved 200°C/400°F/gasmærke 4 i 10 minutter, indtil den er gennemhævet og fast at røre ved. Drys et rent viskestykke (køkkenhåndklæde) med puddersukker og vend kagen på klædet. Fjern bagpapiret, trim kanterne og kør en kniv omkring 1 tomme fra den korte kant og skær kagen i halve. Rul kagen op fra snitkanten. Lad afkøle.

Rul kagen ud og smør den med marmelade, rul den sammen igen og server drysset med melis.

Æblerulle

Til en rullestørrelse 20 cm/8

100 g/4 oz/1 kop almindeligt mel (all-purpose)

5 ml/1 tsk bagepulver

Knivspids salt

225 g/8 oz/1 kop granuleret sukker (superfint)

3 æg

5 ml/1 tsk vaniljeessens (ekstrakt)

45 ml/3 spsk koldt vand

Pulveriseret (flor)sukker, sigtet, til drys

100 g/4 oz/1 kop æblegele (klar dåse)

Bland mel, gær, salt og sukker, og tilsæt derefter æg og vaniljeessens til en jævn masse. Bland vandet. Hæld blandingen i en smurt og meldrysset 30 x 20 cm/12 x 8 form (geléform) og bag i en forvarmet ovn ved 190°C/375°F/Gas Mark 5 i 20 minutter, indtil den er elastisk. røre ved. Drys et rent viskestykke (køkkenhåndklæde) med puddersukker og vend kagen på klædet. Fjern bagpapiret, trim kanterne og kør en kniv omkring 1 tomme fra den korte kant og skær kagen i halve. Rul kagen op fra snitkanten. Lad afkøle.

Udform kagen og fordel æblegeléen næsten ud til kanterne. Rul sammen igen og drys med flormelis til servering.

Kastanjerulle

Til en rullestørrelse 20 cm/8

3 æg

100 g/4 oz/½ kop hårdt (superfint) sukker

100 g/4 oz/1 kop almindeligt mel (all-purpose)

30 ml/2 spsk brandy

Strøsukker (superfint) til drys

Til fyld og dekoration:

300 ml/½ pt/1¼ kop dobbelt creme (tung)

15 ml/1 spsk sukker (superfint).

250 g/9 oz/1 stor dåse kastanjepuré

175 g/6 oz/1½ kopper halvsød chokolade

15 g/½ oz/1 spsk smør eller margarine

30 ml/2 spsk brandy

Pisk æg og sukker let og tykt. Brug en metalske til at bland forsigtigt mel og brandy. Anbring i en smurt og meldrysset 30 x 20 cm/12 x 8 form (geléform) og bag i en forvarmet ovn ved 220°C/425°F/gasmærke 7 i 12 minutter. Læg et rent køkkenrulle (viskestykke) på din arbejdsflade, dæk med et stykke olieret (vokset) papir og drys med flormelis. Vend kagen på papiret. Fjern bagpapiret, trim kanterne og kør en kniv omkring 1 tomme fra den korte kant og skær kagen i halve. Rul kagen op fra snitkanten. Lad afkøle.

Til fyldet piskes fløden med sukkeret til det er stivt. Sigt kastanjepuréen (si) og blend til en jævn masse. Bland halvdelen af fløden i kastanjepuréen. Rul kagen ud og fordel kastanjepuréen på overfladen, rul derefter kagen igen. Smelt chokoladen med smør eller margarine og brandy i en varmebestandig skål placeret over en gryde med let simrende vand. Fordel over kagen og skær i forme med en gaffel.

Chokolade roulade

Til en rullestørrelse 20 cm/8

3 æg

75 g/3 oz/1/3 kop granuleret sukker (superfint)

50 g/2 oz/½ kop selvhævende mel

25 g/1 oz/¼ kop kakaopulver (usødet chokolade)

Strøsukker (superfint) til drys

120 ml/4 fl oz/½ kop dobbelt creme (tung)

Pulversukker (glasur) til drys

Pisk æg og sukker i cirka 10 minutter, indtil det er meget lyst og tykt, og blandingen kommer ud af røremaskinen i bånd. Kom mel og kakao i en smurt og meldrysset 30 x 20 cm/12 x 8 rullepande (geléform). Bages i en forvarmet ovn ved 200°C/400°F/gasmærke 4 i 10 minutter, indtil den er gennemhævet og fast at røre ved. Drys et rent viskestykke (køkkenhåndklæde) med puddersukker og vend kagen på klædet. Fjern bagpapiret, trim kanterne og kør en kniv omkring 1 tomme fra den korte kant og skær kagen i halve. Rul kagen op fra snitkanten. Lad afkøle.

Pisk fløden stiv. Rul kagen ud og smør den med fløde, rul den så sammen igen og server drysset med melis.

citronrulle

Til en rullestørrelse 20 cm/8

75 g/3 oz/¾ kop selvhævende mel

5 ml/1 tsk bagepulver

Knivspids salt

1 æg

175 g/6 oz/¾ kop (superfint) sukker

15 ml/1 spsk olie

5 ml/1 tsk citronessens (ekstrakt)

6 æggehvider

50 g/2 oz/1/3 kop (flormelis), sigtet

75 ml/5 spsk lemon curd

300 ml/½ pt/1¼ kop dobbelt creme (tung)

10 ml/2 tsk revet citronskal

Bland mel, gær og salt. Pisk æggene, indtil de er tykke og citronfarvede, og pisk derefter langsomt 50 g/2 oz/¼ kop flormelis i, indtil de er lyst og cremet. Pisk olien og citronessensen. Pisk æggehviderne i en ren skål, indtil der dannes bløde toppe, og pisk derefter gradvist det resterende pulveriserede sukker i, indtil der dannes stive toppe. Bland æggehviderne i olien og bland derefter melet i. Hæld i en smurt og meldrysset form på 30 x 20 cm/12 x 8 og bag i en forvarmet ovn ved 190°C/375°F/gasmærke 5 i 10 minutter, indtil den er blød at røre ved. Dæk et rent viskestykke (viskestykke) med et stykke olieret (vokset) papir og drys med flormelis, og vend derefter kagen på klædet. Fjern bagpapiret, trim kanterne og kør kniven igennem ca. 2,5 cm/1 og skær fra den korte kant halvvejs gennem kagen. Rul kagen op fra snitkanten. Lad afkøle.

Pak kagen ud og smør med lemon curd. Pisk fløden stiv, tilsæt citronskal. Fordel over lemon curd og rul kagen igen. Afkøl inden servering.

Rul med citron og honning

Til en rullestørrelse 20 cm/8

3 æg

75 g/3 oz/1/3 kop granuleret sukker (superfint)

Skal af 1 citron

75 g/3 oz/¾ kop almindeligt mel (all-purpose)

Knivspids salt

Strøsukker (superfint) til drys Til fyldet:

175 g/6 oz/¾ kop flødeost

30 ml/2 spsk ren honning

Pulveriseret (flor)sukker, sigtet, til drys

Pisk æg, sukker og citronskal i en varmefast skål over en gryde med kogende vand, til det er tykt og skummende og blandingen løber i bånd fra piskeriset. Tag af varmen og rør i 3 minutter, tilsæt derefter mel og salt. Hæld i en smurt og meldrysset form på 30 x 20 cm/12 x 8 og bag i en forvarmet ovn ved 200°C/400°F/gasmærke 6, indtil den er gylden og fjedrende at røre ved. Dæk et rent viskestykke (viskestykke) med et stykke olieret (vokset) papir og drys med flormelis, og vend derefter kagen på klædet. Fjern bagpapiret, trim kanterne og kør en kniv omkring 1 tomme fra den korte kant og skær kagen i halve. Rul kagen op fra snitkanten. Lad afkøle.

Bland flødeost med honning. Rul kagen ud, fordel fyldet, rul kagen igen og drys med flormelis.

Rul med limemarmelade

Til en rullestørrelse 20 cm/8

3 æg

175 g/6 oz/¾ kop (superfint) sukker

45 ml/3 spsk vand

5 ml/1 tsk vaniljeessens (ekstrakt)

75 g/3 oz/¾ kop almindeligt mel (all-purpose)

5 ml/1 tsk bagepulver

Knivspids salt

25 g/1 oz/¼ kop malede mandler

Strøsukker (superfint) til drys

60 ml/4 spsk limemarmelade

150 ml/¼ pt/2/3 kop dobbelt flødeskum (tung)

Pisk æggene til de er hvide og tykke og tilsæt lidt efter lidt sukker, vand og vaniljeessens. Bland mel, gær, salt og malede mandler og pisk indtil du får en jævn dej. Hæld i en smurt og meldrysset form på 30 x 20 cm/12 x 8 og bag dem i en forvarmet ovn ved 180°C/350°F/gasmærke 4 i 12 minutter, indtil de er bløde at røre ved. Drys sukkeret på et rent køkkenrulle (viskestykke) og vend den varme dej på viskestykket. Fjern bagpapiret, trim kanterne og kør en kniv omkring 1 tomme fra den korte kant og skær kagen i halve. Rul kagen op fra snitkanten. Lad afkøle.

Pak kagen ud og smør den med marmelade og fløde. Rul igen og drys lidt mere sukker over.

Rul med citron og jordbær

Til en rullestørrelse 20 cm/8

Til fyldet:

30 ml/2 spsk majsmel (majsstivelse)

75 g/3 oz/1⁄3 kop granuleret sukker (superfint)

120 ml/4 fl oz/½ kop æblejuice

120 ml/4 fl oz/½ kop citronsaft

2 let piskede æggeblommer

10 ml/2 tsk revet citronskal

15 ml/1 spsk smør

Til kagen:

3 separate æg

3 æggehvider

Knivspids salt

75 g/3 oz/1⁄3 kop granuleret sukker (superfint)

15 ml/1 spsk olie

5 ml/1 tsk vaniljeessens (ekstrakt)

5 ml/1 tsk revet citronskal

50 g/2 oz/½ kop almindeligt mel (alle formål)

25 g/1 oz/¼ kop majsmel (majsstivelse)

225 g/8 oz skivede jordbær

Pulveriseret (flor)sukker, sigtet, til drys

Fyldet tilberedes ved at blande majsmelet med sukkeret i en gryde, hvorefter æble- og citronsaften tilsættes gradvist. Bland æggeblommer og citronskal. Kog ved svag varme under konstant omrøring, indtil det bliver meget tykt. Fjern fra varmen og rør smørret i. Læg i en skål, læg en cirkel af smurt (vokset) papir på overfladen, lad afkøle og afkøl.

Til kagen piskes alle æggehviderne med salt, indtil der dannes bløde toppe. Pisk gradvist sukkeret i, indtil det er stift og blankt. Bland blommer, olie, vaniljeessens og citronskal til det er skum. Pisk æggehviderne i skefulde og bland derefter blommeblandingen med æggehviderne. Tilsæt mel og majsmel; Bland ikke. Fordel blandingen i en smurt, foret og meldrysset form på 30x20 cm/12x8 og bag i en forvarmet ovn ved 200°C/400°F/gasmærke 4 i 10 minutter, indtil den er gylden. . Vend kagen ud på et stykke smurt (vokset) papir på en rist. Fjern bagpapiret, trim kanterne og kør en kniv omkring 1 tomme fra den korte kant og skær kagen i halve. Rul kagen op fra snitkanten. Lad afkøle.

Udform den afkølede kage og fordel den med citronfyldet og fordel jordbærrene ovenpå. Rul rouladen igen ved hjælp af papir og drys med flormelis inden servering.

Appelsin og mandel schweizerrulle

Til en rullestørrelse 20 cm/8

4 separate æg

225 g/8 oz/1 kop granuleret sukker (superfint)

60 ml/4 spsk appelsinjuice

150 g/5 oz/1¼ kopper almindeligt mel (all-purpose)

5 ml/1 tsk bagepulver

Knivspids salt

5 ml/1 tsk vaniljeessens (ekstrakt)

Revet skal af ½ appelsin

Strøsukker (superfint) til drys

Til fyldet:

2 appelsiner

30 ml/2 spsk pulveriseret gelatine

120 ml/4 fl oz/½ kop vand

250 ml/8 fl oz/1 kop appelsinjuice

100 g/4 oz/½ kop hårdt (superfint) sukker

4 æggeblommer

250 ml/8 fl oz/1 kop dobbelt creme (tung)

100 g/4 oz/1/3 kop abrikosmarmelade (sæt til side), siet

15 ml/1 spsk vand

100 g/4 oz/1 kop skåret mandler (skåret), ristede

Pisk æggeblommer, sukker og appelsinsaft til det er lyst og luftigt. Brug en metalske til at blande mel og gær langsomt. Pisk æggehvider og salt stive og bland med en metalske i blandingen med vaniljeessens og revet appelsinskal. Hæld i en smurt og meldrysset form på 30 x 20 cm/12 x 8 og bag dem i en forvarmet ovn ved 200°C/400°F/gasmærke 6 i 10 minutter, indtil de er bløde at røre ved. Vend ud på et rent viskestykke (viskestykke) drysset med sukker. Fjern bagpapiret, trim kanterne og kør en kniv omkring 1 tomme fra den korte kant og skær kagen i halve. Rul kagen op fra snitkanten. Lad afkøle.

Riv skallen af en appelsin til fyldet. Skræl de to appelsiner og fjern marv og hinde. Skær stykkerne i halve og lad dem dryppe af. Drys gelatinen med vand i en skål og lad den blive svampet. Placer beholderen i en gryde med varmt vand, indtil den er opløst. Lad det køle lidt af. Pisk appelsinsaft og -skal med sukker og æggeblommer i en varmefast skål, varm op i en gryde med let kogende vand, indtil du får en tyk og cremet creme. Fjern fra varmen og rør gelatinen i. Rør af og til, indtil det er afkølet. Pisk fløden stiv, vend den derefter i blandingen og lad den køle af.

Pak kagen ud, smør den med appelsincreme og drys den med appelsinflager. Rul igen. Varm geléen op med vand, indtil den er godt blandet. Fordel over kagen og drys med ristede mandler, tryk forsigtigt.

Strawberry Swiss Roll med Ryg

Til en rullestørrelse 20 cm/8

3 æg

75 g/3 oz/1/3 kop pulveriseret sukker (superfint)

75 g/3 oz/¾ kop selvhævende mel

Strøsukker (superfint) til drys

75 ml/5 spsk hindbærsyltetøj (konserveret)

150 ml/¼ pt/2/3 kop flødeskum eller dobbelt creme (tung)

100 g/4 oz jordbær

Pisk æg og sukker i cirka 10 minutter, indtil det er meget lyst og tykt, og blandingen kommer ud af røremaskinen i bånd. Fold melet og ske i en smurt og meldrysset 30 x 20 cm/12 x 8 rouladeform (geléform). Bages i en forvarmet ovn ved 200°C/400°F/gasmærke 4 i 10 minutter, indtil den er gennemhævet og fast at røre ved. Drys et rent viskestykke (køkkenhåndklæde) med puddersukker og vend kagen på klædet. Fjern bagpapiret, trim kanterne og kør en kniv omkring 1 tomme fra den korte kant og skær kagen i halve. Rul kagen op fra snitkanten. Lad afkøle.

Rul kagen ud og smør den med marmelade og rul den sammen igen. Skær kagen i halve på langs og læg de afrundede sider sammen på et fad med de udskårne sider udad. Pisk fløden stiv og fordel den over toppen og siderne af kagen. Skær jordbærrene i skiver eller kvarte, hvis de er store, og anret dem dekorativt på kagen.

Alt i én chokoladekage

Til en 20 cm/8 kage

100 g/4 oz/½ kop smør eller margarine, blødgjort

100 g/4 oz/½ kop hårdt (superfint) sukker

100 g/4 oz/1 kop selvhævende mel

15 ml/1 spsk kakaopulver (usødet chokolade)

2,5 ml/½ tsk bagepulver

2 æg

Bland alle ingredienser, indtil det er godt blandet. Hæld i en smurt og meldrysset 20 cm/8-form (bageform) og bag i en forvarmet ovn ved 180°C/350°F/gasmærke 4 i 30 minutter, indtil den er gennemhævet og blød at røre ved.

Chokolade bananbrød

Giver et 900g/2lb brød

150 g/5 oz/2/3 kop smør eller margarine

150 g/5 oz/2/3 kop brun farin

150 g/5 oz/1¼ kopper halvsød chokolade

2 mosede bananer

3 æg, pisket

200 g/7 oz/1¾ kop almindeligt mel (alle formål)

10 ml/2 tsk bagepulver

Smelt smør eller margarine med sukker og chokolade. Fjern fra varmen og bland bananer, æg, mel og gær til en jævn masse. Hæld i en smurt og meldrysset 900g/2lb bradepande (bageplade) og bag i en forvarmet ovn ved 150°C/300°F/gasmærke 3 i 1 time, indtil den er blød at røre ved. Lad den køle af i gryden i 5 minutter, inden den vendes ud til afkøling på en rist.

Chokolade mandelkage

Til en 20 cm/8 kage

100 g/4 oz/½ kop smør eller margarine, blødgjort

100 g/4 oz/½ kop hårdt (superfint) sukker

2 æg, let pisket

2,5 ml/½ tsk mandelessens (ekstrakt)

100 g/4 oz/1 kop selvhævende mel

25 g/1 oz/¼ kop kakaopulver (usødet chokolade)

2,5 ml/½ tsk bagepulver

45 ml/3 spsk malede mandler

60 ml/4 spsk mælk

Pulversukker (glasur) til drys

Pisk smør eller margarine og sukker let og luftigt. Bland gradvist æg og mandelessens, og bland derefter mel, kakao og bagepulver i. Bland de formalede mandler og nok mælk i til en jævn drypkonsistens. Kom blandingen i en smurt og meldrysset 20 cm/8 gryde (bageform) og bag i en forvarmet ovn ved 200°C/400°F/gasmærke 6 i 15-20 minutter, indtil den er gennemhævet og blød at røre ved. Server drysset med flormelis.

Mandel Iced Chokoladekage

Til en 23 cm/9 kage

225 g/8 oz/2 kopper almindelig chokolade (halvsød)

225 g/8 oz/1 kop smør eller margarine, blødgjort

225 g/8 oz/1 kop granuleret sukker (superfint)

5 separate æg

225 g/8 oz/2 kopper selvhævende mel

100 g/4 oz/1 kop malede mandler

Til glasuren (emalje):

175 g/6 oz/1 kop pulveriseret (flormelis) sukker.

25 g/1 oz/¼ kop kakaopulver (usødet chokolade)

30ml/2 spsk Cointreau

30 ml/2 spsk vand

Mandler uden skind til pynt

Smelt chokoladen i en varmefast skål over en gryde med let kogende vand. Lad det køle lidt af. Pisk smør eller margarine og sukker let og luftigt. Pisk æggeblommerne og hæld derefter den smeltede chokolade i. Tilsæt mel og malede mandler. Pisk æggehviderne stive og kom dem gradvist i chokoladeblandingen. Hæld i en smurt og meldrysset løsbundet form (23 cm/9) og bag i en forvarmet ovn ved 180°C/350°F/gasmærke 4 i 1¼ time, indtil den er hævet og blød at røre ved. Lad afkøle.

For at lave glasuren skal du blande flormelis og kakao og lave en brønd i midten. Opvarm Cointreau og vand, og rør derefter gradvist nok af væsken i flormelisen for at lave en smørbar frosting. Fyld kagen og lav et mønster i glasuren, inden den afkøles. Pynt med mandler.

Chokolade englekage

Giver en kage på 900 g

6 æggehvider

Knivspids salt

5 ml/1 tsk vinsyre

450 g/1 lb/2 kopper pulveriseret sukker (superfint)

2,5 ml/½ tsk citronsaft

Et par dråber vaniljeessens (ekstrakt)

100 g/4 oz/1 kop almindeligt mel (all-purpose)

50 g/2 oz/½ kop kakao (usødet chokolade) pulver

5 ml/1 tsk bagepulver

Til glasuren (emalje):

175 g/6 oz/1 kop pulveriseret sukker (konfekture), sigtet

5 ml/1 tsk kakao (usødet chokolade) pulver

Et par dråber vaniljeessens (ekstrakt)

30 ml/2 spsk mælk

Pisk æggehvider og salt, indtil der dannes bløde toppe. Tilsæt vinfløden og pisk til den er stiv. Bland sukker, citronsaft og vaniljeessens. Bland mel, kakao og bagepulver, og vend derefter det hele i blandingen. Hæld i en smurt og meldrysset form på 900 g/2lb (bageform) og bag i en forvarmet ovn ved 180°C/350°F/gasmærke 4 i 1 time, indtil den er sat. Tag straks af panden og lad afkøle på en rist.

For at lave frostingen skal du blande alle frostingens ingredienser, indtil den er glat, og mælken tilsættes lidt ad gangen. Fordel over den afkølede kage.

amerikansk chokoladekage

Til en 23 cm/9 kage

175 g/6 oz/1½ kopper almindeligt mel (alle formål)

45 ml/3 spsk kakao (usødet chokolade) pulver

5 ml/1 tsk bagepulver (bagepulver)

225 g/8 oz/1 kop granuleret sukker (superfint)

75 ml/5 spsk olie

15 ml/1 spsk hvidvinseddike

5 ml/1 tsk vaniljeessens (ekstrakt)

250 ml/8 fl oz/1 kop koldt vand

Til glasuren (emalje):

50 g/2 oz/¼ kop flødeost

30 ml/2 spsk smør eller margarine

2,5 ml/½ tsk vaniljeessens (ekstrakt)

175 g/6 oz/1 kop pulveriseret sukker (konfekture), sigtet

Bland de tørre ingredienser og lav en brønd i midten. Tilsæt olivenolie, vineddike og vaniljeessens og bland godt. Bland det kolde vand i og pisk igen, indtil det er glat. Hæld i en smurt 23 cm/9in form (bageplade) og bag i en forvarmet ovn ved 180°C/350°F/gasmærke 4 i 30 minutter. Lad afkøle.

For at lave frostingen, pisk flødeost, smør eller margarine og vaniljeessens, indtil det er let og luftigt. Pisk pulveriseret sukker gradvist i, indtil det er glat. Fordel over toppen af kagen.

Æblekage med chokolade

Til en 20 cm/8 kage

2 æbler til madlavning (tærte).

Citronsaft

100 g/4 oz/½ kop smør eller margarine, blødgjort

225 g/8 oz/1 kop granuleret sukker (superfint)

2 æg, let pisket

5 ml/1 tsk vaniljeessens (ekstrakt)

250 g/9 oz/2¼ kopper almindeligt mel (all-purpose)

25 g/1 oz/¼ kop kakaopulver (usødet chokolade)

5 ml/1 tsk bagepulver

5 ml/1 tsk bagepulver (bagepulver)

150 ml/¼ pt/2/3 kop mælk

Til glasuren (emalje):

450g/1lb/22/3 kopper (flormelis) sukker, sigtet

25 g/1 oz/¼ kop kakaopulver (usødet chokolade)

50 g/2 oz/¼ kop smør eller margarine

75 ml/5 spsk mælk

Skræl, udkern og hak æblerne fint og drys med lidt citronsaft. Pisk smør eller margarine og sukker let og luftigt. Tilsæt gradvist æg og vaniljeessens, og tilsæt derefter mel, kakao, bagepulver og bikarbonat skiftevis med mælken, indtil det er godt blandet. Tilsæt de hakkede æbler. Hæld i en smurt og meldrysset 20 cm/8-pande (bageform) og bag i en forvarmet ovn ved 180°C/350°F/gasmærke 4 i 45 minutter, indtil en tandstik, der er sat ind i midten, kommer ren ud. Lad den køle af i gryden i 10 minutter, og vend den derefter ud på en rist for at køle af.

Til frostingen skal du piske pulveriseret sukker, kakao og smør eller margarine og tilsætte nok mælk til at gøre blandingen glat og cremet. Fordel over toppen og siderne af kagen og skær i mønstre med en gaffel.

Chokolade brigadeiro kage

Til en kage, der måler 38 x 25 cm/15 x 10

100 g/4 oz/½ kop smør eller margarine

100 g/4 oz/½ kop spæk (reduceret fedt)

250 ml/8 fl oz/1 kop vand

25 g/1 oz/¼ kop kakaopulver (usødet chokolade)

225 g/8 oz/2 kopper almindeligt mel (all-purpose)

450 g/1 lb/2 kopper pulveriseret sukker (superfint)

120 ml/4 fl oz/½ kop kærnemælk

2 æg, pisket

5 ml/1 tsk bagepulver (bagepulver)

Knivspids salt

5 ml/1 tsk vaniljeessens (ekstrakt)

Smelt smør eller margarine, matfett, vand og kakao i en lille gryde. Bland mel og sukker i en skål, hæld den smeltede blanding i og bland godt. Bland de resterende ingredienser og pisk, indtil det er godt blandet. Anbring i en smurt og meldrysset geléform (geléform) og bag i en forvarmet ovn ved 200°C/400°F/gasmærke 6 i 20 minutter, indtil den er blød at røre ved.

Kage med chokolade og kærnemælk

Til en 23 cm/9 kage

225 g/8 oz/2 kopper selvhævende mel

350 g/12 oz/1½ kopper strøsukker (superfint)

5 ml/1 tsk bagepulver (bagepulver)

2,5 ml/½ tsk salt

100 g/4 oz/½ kop smør eller margarine

250 ml/8 fl oz/1 kop kærnemælk

2 æg

50 g/2 oz/½ kop kakao (usødet chokolade) pulver

American Velvet Cover

Bland mel, sukker, natron og salt. Gnid smør eller margarine i, indtil blandingen ligner brødkrummer, tilsæt kærnemælk, æg og kakao og fortsæt med at piske, indtil det er glat. Hæld blandingen i to smurte og meldryssede 23 cm/9 sandwichforme (forme) og bag i en forvarmet ovn ved 180°C/350°F/gasmærke 4 i 30 minutter, indtil en tandstik indsat i midten kommer ren ud. Lav en sandwich med halvdelen af den amerikanske fløjlsfrosting og dæk kagen med resten. Lad det stivne.

Kage med chokoladestykker og mandler

Til en 20 cm/8 kage

175 g/6 oz/¾ kop smør eller margarine, blødgjort

175 g/6 oz/¾ kop (superfint) sukker

3 let pisket æg

225 g/8 oz/2 kopper selvhævende mel

50 g/2 oz/½ kop malede mandler

100 g/4 oz/1 kop chokoladechips

30 ml/2 spsk mælk

25 g/1 oz/¼ kop skivede mandler

Pisk smør eller margarine og sukker let og luftigt. Bland gradvist æggene, og tilsæt derefter mel, malede mandler og chokoladechips. Bland nok mælk i til at få en flydende konsistens, og rør derefter de flagede mandler i. Hæld i en smurt og meldrysset 20 cm/8 gryde (bageform) og bag i en forvarmet ovn ved 180°C/350°F/gasmærke 4 i 1 time, indtil en tandstik, der er sat ind i midten, kommer ren ud. Lad den køle af i gryden i 5 minutter, og vend den derefter ud på en rist for at køle af.

Chokoladecremekage

Til en kagestørrelse 18 cm/7

4 æg

100 g/4 oz/½ kop hårdt (superfint) sukker

60 g/2½ oz/2/3 kop almindeligt mel (alle formål)

25 g/1 oz/¼ kop drikkechokoladepulver

150 ml/¼ pt/2/3 kop dobbelt creme (tung)

Pisk æg og sukker lyst og luftigt. Tilsæt mel og chokolade for at drikke. Hæld blandingen i to smurte og meldryssede 18 cm/7 sandwichforme (forme) og bag i en forvarmet ovn ved 200°C/400°F/gasmærke 6 i 15 minutter, indtil den er blød at røre ved. Lad afkøle på en rist. Pisk fløden stiv og bland derefter kagerne med cremen.

Chokoladekage med dadler

Til en 20 cm/8 kage

25 g/1 oz/1 kvadratisk almindelig chokolade (halvsød)

175 g/6 oz/1 kop udstenede dadler, hakket

5 ml/1 tsk bagepulver (bagepulver)

375 ml/13 fl oz/1½ kopper kogende vand

175 g/6 oz/¾ kop smør eller margarine, blødgjort

225 g/8 oz/1 kop granuleret sukker (superfint)

2 æg, pisket

175 g/6 oz/1½ kopper almindeligt mel (alle formål)

2,5 ml/½ tsk salt

50 g/2 oz/¼ kop granuleret sukker

100 g/4 oz/1 kop almindelig chokoladechips (halvsød)

Tilsæt chokolade, dadler, natron og kogende vand og rør, indtil chokoladen smelter. Pisk smør eller margarine og sukker let og luftigt. Pisk æggene lidt efter lidt. Tilsæt mel og salt skiftevis med chokoladeblandingen og bland godt. Hæld i en smurt og meldrysset 20 cm/8 firkantet form (bageplade). Bland perlesukker og chokoladechips og drys ovenpå. Bag i en forvarmet ovn ved 160°C/325°F/gasmærke 3 i 45 minutter, indtil en tandstik indsat i midten kommer ren ud.

Familie chokoladekage

Til en 23 cm/9 kage

100 g/4 oz/½ kop smør eller margarine, blødgjort

175 g/6 oz/¾ kop (superfint) sukker

2 æg, let pisket

5 ml/1 tsk vaniljeessens (ekstrakt)

225 g/8 oz/2 kopper almindeligt mel (all-purpose)

45 ml/3 spsk kakao (usødet chokolade) pulver

10 ml/2 tsk bagepulver

2,5 ml/½ teskefuld bagepulver (bagepulver)

Knivspids salt

150 ml/8 fl oz/1 kop vand

Pisk smør eller margarine og sukker let og luftigt. Tilsæt gradvist æg og vaniljeessens, og tilsæt derefter mel, kakao, bagepulver, bikarbonat og salt skiftevis med vandet, indtil du får en jævn dej. Hæld i en smurt og meldrysset 23cm/9-form (bageform) og bag i en forvarmet ovn ved 220°C/425°F/gasmærke 7 i 20-25 minutter, indtil den er gennemhævet og blød at røre ved.

Devil's Food kage med skumfidusfrosting

Til en kagestørrelse 18 cm/7

100 g/4 oz/½ kop smør eller margarine, blødgjort

100 g/4 oz/½ kop hårdt (superfint) sukker

2 æg, let pisket

75 g/3 oz/1/3 kop selvhævende mel (selvhævende)

15 ml/1 spsk kakaopulver (usødet chokolade)

Knivspids salt

Til glasuren (emalje):

100 g skumfidus

30 ml/2 spsk mælk

2 æggehvider

25 g/1 oz/2 spsk strøsukker (superfint)

Revet chokolade til pynt

Pisk smør eller margarine og sukker let og luftigt. Bland gradvist æggene i, og bland derefter mel, kakao og salt i. Kom blandingen i to smurte og meldrysede 18 cm/7 sandwichforme (forme) og bag i en forvarmet ovn ved 180°C/350°F/gasmærke 4 i 25 minutter, indtil den er gennemhævet og blød at røre ved. Lad afkøle.

Smelt skumfiduserne med mælken ved svag varme, rør af og til, og lad det køle af. Pisk æggehviderne stive, tilsæt sukkeret og pisk igen til de er stive og blanke. Vend skumfidusblandingen i og lad stivne lidt. Stable kagerne med en tredjedel af skumfidusfrostingen, fordel derefter resten over toppen og siderne af kagen og pynt med revet chokolade.

Drømme chokoladekage

Til en 23 cm/9 kage

225 g/8 oz/2 kopper almindelig chokolade (halvsød)

30 ml/2 skeer instant kaffepulver

45 ml/3 spsk vand

4 separate æg

150 g/5 oz/2/3 kop smør eller margarine, skåret i tern

Knivspids salt

100 g/4 oz/½ kop hårdt (superfint) sukker

50 g/2 oz/½ kop majsmel (majsstivelse)

Til dekoration:

150 ml/¼ pt/2/3 kop dobbelt creme (tung)

25 g/1 oz/3 spsk sukker (glasur)

175 g/6 oz/1½ kopper hakkede valnødder

Smelt chokolade, kaffe og vand sammen i en varmefast skål over en gryde med let simrende vand. Fjern fra varmen og bland gradvist æggeblommerne i. Rør smørret i lidt ad gangen, indtil det smelter ind i blandingen. Pisk æggehvider og salt, indtil der dannes bløde toppe. Tilsæt forsigtigt sukkeret og pisk det stivt. Pisk majsmel i. Bland en skefuld af blandingen i chokoladen, og rør derefter chokoladen i den resterende æggehvide. Hæld i en smurt og meldrysset 23cm/9-form (bageform) og bag i en forvarmet ovn ved 180°C/350°F/gasmærke 4 i 45 minutter, indtil den er godt hævet og lige netop fjedrende at røre ved. Tag den ud af ovnen og lad den køle lidt af, før den tages ud af gryden; kagen vil revne og synke. Lad køle helt af.

Pisk fløden stiv, og tilsæt derefter sukkeret. Fordel cremen rundt i kanten af kagen og tryk de hakkede valnødder i til pynt. Fordel eller påfør den resterende creme ovenpå.

Chokolade Floataway kage

Til en kage, der måler 23 x 30 cm/9 x 12

2 separate æg

350 g/12 oz/1½ kopper strøsukker (superfint)

200 g/7 oz/1¾ kopper selvhævende mel

2,5 ml/½ teskefuld bagepulver (bagepulver)

2,5 ml/½ tsk salt

60 ml/4 spsk kakaopulver (usødet chokolade)

75 ml/5 spsk olie

250 ml/8 fl oz/1 kop kærnemælk

Pisk æggehviderne stive. Pisk gradvist 100 g/4 oz/½ kop sukker i og pisk indtil det er stift og blankt. Bland det resterende sukker, mel, bagepulver, salt og kakao. Pisk æggeblommer, olie og kærnemælk. Bland forsigtigt æggehviderne. Hæld i en smurt og meldrysset form på 23 x 32 cm/9 x 12 (bageform) og bag i en forvarmet ovn ved 180°C/350°F/gasmærke 4 i 40 minutter, indtil en tandstikker, der er indsat i midten, kommer ud. ude rent. . at rengøre.

Kage med hasselnødder og chokolade

Til en 25 cm/10 kage

100 g/4 oz/1 kop hasselnødder

175 g/6 oz/¾ kop (superfint) sukker

175 g/6 oz/1½ kopper almindeligt mel (alle formål)

50 g/2 oz/½ kop kakao (usødet chokolade) pulver

5 ml/1 tsk bagepulver

Knivspids salt

2 æg, let pisket

2 æggehvider

175 ml/6 fl oz/¾ kop olie

60 ml/4 spsk kold stærk sort kaffe

Anbring hasselnødderne på en bageplade (stegeplade) og bag dem i en forvarmet ovn ved 180°C/350°F/gasmærke 4 i 15 minutter, indtil de er gyldne. Gnid hurtigt et viskestykke (viskestykke) ind for at fjerne skindet, og hak derefter nødderne fint i en foodprocessor med 15 ml/1 spsk sukker. Bland nødderne med mel, kakao, bagepulver og salt. Pisk æg og æggehvider til skum. Tilsæt det resterende sukker lidt ad gangen og fortsæt med at piske, indtil det er bleg. Pisk gradvist olien i og derefter kaffen. Bland de tørre ingredienser, kom i en smurt og meldrysset aftagelig bundform (25 cm/10) og bag i en forvarmet ovn ved 180°C/350°F/gasmærke 4 i 30 minutter, indtil den ikke længere er elastisk. røre ved.

Chokoladekage

Giver en kage på 900 g

60 ml/4 spsk kakaopulver (usødet chokolade)

100 g/4 oz/½ kop smør eller margarine

120 ml/4 fl oz/½ kop olie

250 ml/8 fl oz/1 kop vand

350 g/12 oz/1½ kopper strøsukker (superfint)

225 g/8 oz/2 kopper selvhævende mel

2 æg, pisket

120 ml/4 fl oz/½ kop mælk

2,5 ml/½ teskefuld bagepulver (bagepulver)

5 ml/1 tsk vaniljeessens (ekstrakt)

Til glasuren (emalje):

60 ml/4 spsk kakaopulver (usødet chokolade)

100 g/4 oz/½ kop smør eller margarine

60 ml/4 spsk inddampet mælk

450g/1lb/22/3 kopper (flormelis) sukker, sigtet

5 ml/1 tsk vaniljeessens (ekstrakt)

100 g/4 oz/1 kop halvsød chokolade

Kom kakao, smør eller margarine, olie og vand i en gryde og varm op. Fjern fra varmen og rør sukker og mel i. Pisk æg, mælk, natron og vaniljeessens og tilsæt blandingen i gryden. Hæld i en smurt og meldrysset brødform på 900 g/2lb (bageplade) og bag i en forvarmet ovn ved 180°C/350°F/gasmærke 4 i 1¼ time, indtil den er gennemhævet og blød at røre ved. Vend og afkøl på en rist.

For at lave frostingen skal du bringe alle ingredienser i kog i en mellemstor gryde. Pisk indtil glat og hæld over den stadig varme kage. Lad det stivne.

Gâteau Chokolade

Til en 23 cm/9 kage

150 g/5 oz/1¼ kopper halvsød chokolade

150 g/5 oz/2/3 kop smør eller margarine, blødgjort

150 g/5 oz/2/3 kop strøsukker (superfint)

75 g/3 oz/¾ kop malede mandler

3 separate æg

100 g/4 oz/1 kop almindeligt mel (all-purpose)

Til fyld og topping:

300 ml/½ pt/1¼ kop dobbelt creme (tung)

200 g/7 oz/1¾ kop hakket halvsød chokolade

Knust chokoladechips

Smelt chokoladen i en varmefast skål over en gryde med let kogende vand. Pisk smør eller margarine med sukkeret og tilsæt chokolade, mandler og æggeblommer. Pisk æggehviderne, indtil de er bløde, og fold dem derefter i blandingen med en metalske. Bland forsigtigt melet i. Hæld i en smurt 23 cm/9-form (bageform) og bag i en forvarmet ovn ved 180°C/350°F/gasmærke 4 i 40 minutter, indtil de er bløde at røre ved.

Kog imens fløden op, tilsæt den hakkede chokolade og rør til den smelter. Lad afkøle. Når kagen er bagt og afkølet, skæres den vandret og smøres med halvdelen af chokoladecremen. Fordel resten ovenpå og pynt med knuste chokoladeflager.

italiensk chokoladekage

Til en 23 cm/9 kage

100 g/4 oz/½ kop smør eller margarine

225 g/8 oz/1 kop brun farin

30 ml/2 spsk kakaopulver (usødet chokolade)

3 æg godt pisket

75 g/3 oz/¾ kop halvsød chokolade

150 ml/4 fl oz/½ kop kogende vand

400 g/14 oz/3½ kopper almindeligt mel (alle formål)

5 ml/1 tsk bagepulver

Knivspids salt

10 ml/2 tsk vaniljeessens (ekstrakt)

175 ml/6 fl oz/¾ kop almindelig fløde (let)

150 ml/¼ pt/2/3 kop dobbelt creme (tung)

Pisk smør eller margarine, sukker og kakao. Pisk æggene lidt efter lidt. Smelt chokoladen i kogende vand og tilsæt blandingen. Tilsæt mel, gær og salt. Pisk vaniljeessens og fløde i. Hæld i to smurte og meldryssede 23 cm/9 forede forme (forme) og bag dem i en forvarmet ovn ved 180°C/350°F/gasmærke 4 i 25 minutter, indtil de er gennemhævet og bløde at røre ved. Lad det køle af i formene i 5 minutter, og vend derefter ud på en rist for at køle af. Pisk fløden stiv og brug den til at lime kagerne.

Chokolade hasselnødde kage

Til en 23 cm/9 kage

150 g/5 oz/1¼ kopper hasselnødder, afskallede

225 g/8 oz/1 kop granuleret sukker

15 ml/1 spiseskefuld instant kaffepulver

60 ml / 4 spiseskefulde vand

175 g/6 oz/1½ kopper halvsød chokolade, ødelagt

5 ml/1 tsk mandelessens (ekstrakt)

100 g/4 oz/½ kop smør eller margarine, blødgjort

8 separate æg

45 ml/3 spsk graham cracker krummer.

Til glasuren (emalje):

175 g/6 oz/1½ kopper halvsød chokolade, ødelagt

60 ml / 4 spiseskefulde vand

15 ml/1 spiseskefuld instant kaffepulver

225 g/8 oz/1 kop smør eller margarine, blødgjort

3 æggeblommer

175 g/6 oz/1 kop pulveriseret (flormelis) sukker.

Revet chokolade til pynt (valgfrit)

Steg hasselnødderne på en tør pande, indtil de er let brune, ryst panden fra tid til anden, og kværn derefter meget fint. Reserver 45 ml/3 spiseskefulde til toppingen.

Opløs sukker og kaffe i vand ved svag varme og rør i 3 minutter. Tag af varmen og rør chokolade- og mandelessensen i. Rør til det er smeltet og glat og lad det køle lidt af. Pisk smør eller margarine, indtil det danner et skum, og pisk lidt efter lidt æggeblommerne i. Bland hasselnødderne og småkagekrummerne i. Pisk æggehviderne til de danner faste toppe og bland i blandingen. Fordel i to smurte og meldryssede 23 cm/9 pander og bag dem i en forvarmet ovn ved 180°C/350°F/gasmærke 4 i 25 minutter, indtil kagen begynder at krympe på siderne af formen. og er elastisk at røre ved.

Til toppingen smeltes chokoladen, vandet og kaffen ved svag varme og røres til en jævn masse. Lad afkøle. Pisk smør eller margarine let og luftigt. Bland gradvist æggeblommerne i og derefter chokoladeblandingen. Pisk pulveriseret sukker i. Lad det køle af, indtil det når en smørbar konsistens.

Stable kagerne sammen med halvdelen af frostingen, brug den resterende halvdel til at fordele siderne af kagen og pres de reserverede hasselnødder ind i siderne. Dæk toppen af kagen med et tyndt lag frosting og lim rosetter af frosting rundt i kanten. Pynt eventuelt med revet chokolade.

Italiensk kage med chokoladecreme og cognac

Til en 23 cm/9 kage

400 g/14 oz/3½ kopper halvsød chokolade

400 ml/14 fl oz/1¾ kopper dobbelt creme (tung)

600 ml/1 pt/2½ kopper kold stærk sort kaffe

75 ml/5 spsk brandy eller amaretto

400 g sandkagekiks

Smelt chokoladen i en varmefast skål over en gryde med let kogende vand. Fjern fra varmt og lad afkøle. Pisk imens fløden stiv. Pisk chokoladen i cremen. Bland kaffe og brandy eller amaretto. Dyp en tredjedel af dejen i blandingen for at fugte dem og beklæd en 23 cm/9 springform (bageplade) med aluminiumsfolie. Smør med halvdelen af flødeblandingen. Fugt og tilsæt endnu et lag kiks, derefter resten af cremen og til sidst resten af kiksene. Lad det køle godt af inden servering.

Chokoladelagkage

Til en 20 cm/8 kage

75 g/3 oz/¾ kop halvsød chokolade

175 g/6 oz/¾ kop smør eller margarine, blødgjort

175 g/6 oz/¾ kop (superfint) sukker

3 let pisket æg

150 g/5 oz/1¼ kopper selvhævende mel

25 g/1 oz/¼ kop kakaopulver (usødet chokolade)

Til glasuren (emalje):

175 g/6 oz/1 kop pulveriseret (flormelis) sukker.

50 g/2 oz/½ kop kakao (usødet chokolade) pulver

175 g/6 oz/¾ kop smør eller margarine, blødgjort

Revet chokolade til pynt

Smelt chokoladen i en varmefast skål over en gryde med let kogende vand. Lad det køle lidt af. Pisk smør eller margarine og sukker let og luftigt. Bland gradvist æggene i, og bland derefter mel og kakao og smeltet chokolade i. Hæld blandingen i en smurt og meldrysset 20 cm/8 form (bageform) og bag i en forvarmet ovn ved 180°C/350°F/Gas Mark 4 i 1¼ time, indtil den er elastisk at røre ved. Lad afkøle.

For at lave frostingen skal du piske flormelis, kakao og smør eller margarine, indtil du har en smørbar frosting. Når kagen er kold, skæres vandret i tre skiver og bruge to tredjedele af frostingen til at samle de tre lag. Fordel den resterende glasur over toppen, knæk formen med en gaffel og pynt med revet chokolade.

Fugtig chokoladekage

Til en 20 cm/8 kage

200 g/7 oz/1¾ kop almindeligt mel (alle formål)

30 ml/2 spsk kakaopulver (usødet chokolade)

5 ml/1 tsk bagepulver (bagepulver)

5 ml/1 tsk bagepulver

150 g/5 oz/2/3 kop strøsukker (superfint)

30 ml/2 spsk gylden sirup (lys majs)

2 æg, let pisket

150 ml/¼ pt/2/3 kop olie

150 ml/¼ pt/2/3 kop mælk

150 ml/¼ pt/2/3 kop dobbelt (tung) eller flødeskum, pisket

Pisk alle ingredienser undtagen cremen til en dej. Hæld i to smurte og meldryssede 20 cm/8 forme (bageplade) og bag dem i en forvarmet ovn ved 160°C/325°F/gasmærke 3 i 35 minutter, indtil de er gennemhævet og bløde at røre ved. Lad det køle af, og smør det derefter sammen med flødeskum.

mokka kage

Til en kage, der måler 23 x 30 cm/9 x 12

450 g/1 lb/2 kopper pulveriseret sukker (superfint)

225 g/8 oz/2 kopper almindeligt mel (all-purpose)

75 g/3 oz/¾ kop kakao (usødet chokolade) pulver

10 ml/2 tsk bagepulver (bagepulver)

5 ml/1 tsk bagepulver

Knivspids salt

120 ml/4 fl oz/½ kop olie

250 ml/8 fl oz/1 kop varm sort kaffe

250 ml/8 fl oz/1 kop mælk

2 æg, let pisket

Bland de tørre ingredienser og lav en brønd i midten. Tilsæt de resterende ingredienser og bland indtil de tørre ingredienser er absorberet. Hæld i en smurt og meldrysset form på 23 x 30 cm/9 x 12 (bageform) og bag i en forvarmet ovn ved 180°C/350°F/gasmærke 4 i 35-40 minutter, indtil en tandstik indsat i midten kommer. ude rent. kommer rent ud.

Muddertærte

Til en 20 cm/8 kage

225 g/8 oz/2 kopper almindelig chokolade (halvsød)

225 g/8 oz/1 kop smør eller margarine

225 g/8 oz/1 kop granuleret sukker (superfint)

4 æg, let pisket

15 ml / 1 spsk majsmel (majsstivelse)

Smelt chokolade og smør eller margarine i en varmefast skål over en gryde med let simrende vand. Fjern fra varmen og rør sukkeret i, indtil det er opløst, og tilsæt derefter æg og majsmel. Hæld i en smurt og meldrysset 20 cm (20 cm) bradepande (20 cm) og placer modellen i en gryde med nok varmt vand til at komme halvvejs op på siden af modellen. Bages i en forvarmet ovn ved 180°C/350°F/gasmærke 4 i 1 time. Fjern fra bakken med vand og lad den køle af i dåsen, og stil den derefter på køl, indtil den er klar til at tages ud og serveres.

Crispy Beef-baseret Mississippi Mud Pie

Til en 23 cm/9 kage

75 g/3 oz/¾ kop honningkagekagekrummer.

75 g/3 oz/¾ kop Digestive Crackers (Graham Crackers) krummer

50 g/2 oz/¼ kop smør eller margarine, smeltet

300 g/11 oz skumfidus

90 ml/6 spsk mælk

2,5 ml/½ tsk revet muskatnød

60 ml/4 spsk rom eller brandy

20 ml/4 teskefulde stærk sort kaffe

450 g/l lb/4 kopper halvsød chokolade

450 ml/¾ pt/2 kopper dobbelt creme (tung)

Bland kikskrummerne i det smeltede smør og beklæd bunden af en smurt 23 cm/9 springform. Køl ned.

Smelt skumfiduserne med mælk og muskatnød ved svag varme. Fjern fra varmt og lad afkøle. Bland rom eller brandy og kaffe. Smelt imens tre fjerdedele af chokoladen i en varmefast skål sat over en gryde med kogende vand. Fjern fra varmt og lad afkøle. Pisk fløden stiv. Bland chokolade og fløde i skumfidusblandingen.

Ske ved bunden og glat toppen. Dæk med plastfolie (plastfolie) og stil på køl i 2 timer, indtil det er fast.

Smelt den resterende chokolade i en varmefast skål over en gryde med let kogende vand. Fordel chokoladen tyndt på bagepladen og stil den på køl, indtil den næsten er fast. Skrab chokoladen med en skarp kniv for at skære den i krøller og brug den til at dekorere toppen af kagen.

Chokoladekage med valnødder

Til en 20 cm/8 kage

175 g/6 oz/1½ kopper malede mandler

175 g/6 oz/¾ kop (superfint) sukker

4 separate æg

5 ml/1 tsk vaniljeessens (ekstrakt)

175 g/6 oz/1½ kopper revet halvsød chokolade

15 ml/1 spsk hakkede blandede nødder

Bland de malede mandler og sukker, og bland derefter æggeblommer, vaniljeessens og chokolade i. Pisk æggehviderne stive og vend dem i chokoladeblandingen med en metalske. Hæld i en smurt og meldrysset 20 cm/8 pande (konfekture) og drys med hakkede valnødder. Bages i en forvarmet ovn ved 190°C/375°F/gasmærke 5 i 25 minutter, indtil den er hævet og blød at røre ved.

Rig chokoladekage

Giver en kage på 900 g

200 g/7 oz/1¾ kop halvsød chokolade

15 ml/1 spsk stærk sort kaffe

225 g/8 oz/1 kop smør eller margarine, blødgjort

225 g/8 oz/1 kop granuleret sukker

4 æg

225 g/8 oz/2 kopper almindeligt mel (all-purpose)

5 ml/1 tsk bagepulver

Smelt chokoladen og kaffen i en varmebestandig skål placeret over en gryde med let kogende vand. Imens flød smørret eller margarinen med sukkeret, indtil det er let og luftigt. Tilsæt æggene lidt efter lidt, pisk godt efter hver tilsætning. Tilsæt den smeltede chokolade og derefter mel og gær. Hæld blandingen i en smurt og meldrysset 900g/2lb-form (bageform) og bag i en forvarmet ovn ved 190°C/375°F/gasmærke 5 i ca. 1 time, indtil en tandstik indsat i midten kommer ren ud. Dæk om nødvendigt toppen med aluminiumsfolie eller bagepapir i de sidste 10 minutter af tilberedningen for at forhindre overbruning.

Kage med chokolade, nødder og kirsebær

Til en 20 cm/8 kage

225 g/8 oz/1 kop smør eller margarine, blødgjort

225 g/8 oz/1 kop granuleret sukker (superfint)

4 æg

Et par dråber vaniljeessens (ekstrakt)

225 g/8 oz/2 kopper rugmel

225 g/8 oz/2 kopper malede hasselnødder

45 ml/3 spsk kakao (usødet chokolade) pulver

10 ml/2 teskefulde kanelpulver

5 ml/1 tsk bagepulver

900 g/2 lb udstenede kirsebær

Pulversukker (glasur) til drys

Pisk smør eller margarine med sukker, indtil det er lyst og luftigt. Pisk gradvist æggene i, et ad gangen, og pisk derefter vaniljeessensen i. Bland mel, nødder, kakao, kanel og bagepulver, tilsæt det derefter til blandingen og ælt, indtil det danner en blød dej. Rul dejen ud på en let meldrysset overflade til 20cm/8 og tryk forsigtigt ud i en smurt kageform (bageform) med løs bund. Skær kirsebærene over toppen med en ske. Bages i en forvarmet ovn ved 200°C/400°F/gasmærke 6 i 30 minutter, indtil den er elastisk at røre ved. Tag af panden for at afkøle og drys med flormelis inden servering.

Rom chokoladekage

Til en 20 cm/8 kage

100 g/4 oz/1 kop halvsød chokolade

15 ml/1 spsk rom

3 æg

100 g/4 oz/½ kop hårdt (superfint) sukker

25 g/1 oz/¼ kop majsmel (majsstivelse)

50 g/2 oz/½ kop selvhævende mel

Opløs chokoladen med rommen i en varmebestandig skål, som du stiller over en gryde med let simrende vand. Pisk æg og sukker lyst og luftigt, og tilsæt derefter majsmel og mel. Rør chokoladeblandingen i. Hæld i en smurt og meldrysset form på 20 cm/8 (bageplade) og bag dem i en forvarmet ovn ved 190°C/375°F/gasmærke 5 i 10-15 minutter, indtil de er bløde at røre ved.

Chokolade sandwich

Til en 20 cm/8 kage

100 g/4 oz/1 kop almindeligt mel (all-purpose)

10 ml/2 tsk bagepulver

Knip bagepulver (bagepulver)

50 g/2 oz/½ kop kakao (usødet chokolade) pulver

225 g/8 oz/1 kop granuleret sukker (superfint)

120 ml/4 fl oz/½ kop majsolie

120 ml/4 fl oz/½ kop mælk

150 ml/¼ pt/2/3 kop dobbelt creme (tung)

100 g/4 oz/1 kop halvsød chokolade

Bland mel, bagepulver, natron og kakao. Bland sukkeret. Bland olie og mælk og bland de tørre ingredienser til en jævn masse. Hæld i to smurte og meldryssede 20 cm/8 forede forme og bag dem i en forvarmet ovn ved 180°C/350°F/gasmærke 3 i 40 minutter, indtil de er bløde at røre ved. Vend ud på en rist til afkøling.

Pisk fløden stiv. Reserver 30 ml/2 spsk og brug resten til fyldte kager. Smelt chokoladen og den reserverede fløde i en varmefast skål, som du stiller over en gryde med let simrende vand. Fordel over kagen og lad den stivne.

Carob og valnøddekage

Til en kagestørrelse 18 cm/7

175 g/6 oz/¾ kop smør eller margarine, blødgjort

100 g/4 oz/½ kop brun farin

4 separate æg

75 g/3 oz/¾ kop almindeligt mel (all-purpose)

25 g/1 oz/¼ kop johannesbrødpulver

Knivspids salt

Finrevet skal og saft af 1 appelsin

175 g johannesbrødstænger

100 g/4 oz/1 kop hakkede blandede nødder

Flød 100 g/4 oz/½ kop smør eller margarine med sukkeret, indtil det er lyst og luftigt. Pisk æggeblommerne lidt efter lidt, og tilsæt derefter mel, johannesbrødpulver, salt, appelsinskal og 15 ml/1 spsk appelsinjuice. Hæld blandingen i to smurte og meldryssede 18 cm/7 forede forme (bageplader) og bag dem i en forvarmet ovn ved 180°C/350°F/gasmærke 4 i 20 minutter, indtil de er bløde at røre ved. Tag dem ud af formene og lad afkøle.

Smelt johannesbrød med den resterende appelsinjuice i en varmebestandig beholder, og læg den over en gryde med let kogende vand. Fjern fra varmen og rør resten af smør eller margarine i. Lad det køle lidt af, og rør af og til. Bland de afkølede kager med halvdelen af frostingen og dæk med resten. Skær med en gaffel langs mønsteret og drys med nødder til pynt.

Rožičs juledagbog

Til en rullestørrelse 20 cm/8

3 store æg

100 g/4 oz/1/3 kop ren honning

75 g/3 oz/¾ kop fuldkornshvedemel (fuld hvede)

25 g/1 oz/¼ kop johannesbrødpulver

20 ml/4 teskefulde varmt vand

Til fyldet:

175 g/6 oz/¾ kop flødeost

Et par dråber vaniljeessens (ekstrakt)

5 ml/1 tsk kaffebønner opløst i lidt varmt vand

30 ml/2 spsk ren honning

15 ml/1 spsk johannesbrødpulver

Pisk æg og honning til det er tykt. Tilsæt mel og johannesbrød og derefter kogende vand. Hæld i en smurt og meldrysset form på 30 x 20 cm/12 x 8 (geléform) og bag i en forvarmet ovn ved 220°C/425°F/Gas Mark 7 i 15 minutter, indtil den er blød at røre ved. Vend ud på et stykke olieret (vokset) papir og klip kanterne til. Rul den korte ende sammen, brug papiret til at hjælpe, og lad det køle af.

For at forberede fyldet, pisk alle ingredienserne. Pak kagen ud og fjern papiret. Fordel halvdelen af fyldet over kagen, næsten ud til kanterne, og rul den sammen igen. Fordel det resterende fyld over toppen og brug tænderne på en gaffel til at skære i et skalmønster.

spidskommen kage

Til en kagestørrelse 18 cm/7

225 g/8 oz/1 kop smør eller margarine, blødgjort

225 g/8 oz/1 kop granuleret sukker (superfint)

4 separate æg

225 g/8 oz/2 kopper selvhævende mel

25 g/1 oz/¼ kop spidskommen frø

2,5 ml/½ teskefuld kanelpulver

2,5 ml/½ tsk revet muskatnød

Pisk smør eller margarine med sukker, indtil det er lyst og luftigt. Pisk æggeblommerne og tilsæt dem til blandingen, bland derefter mel, frø og krydderier i. Pisk æggehviderne til de danner faste toppe og bland i blandingen. Hæld blandingen i en smurt og meldrysset 18 cm/7-form (bageform) og bag i en forvarmet ovn ved 180°C/350°F/gasmærke 4 i 1 time, indtil en tandstik indsat i midten kommer ren ud. det havde været rent.

Mandel riskage

Til en 20 cm/8 kage

225 g/8 oz/1 kop smør eller margarine, blødgjort

225 g/8 oz/1 kop granuleret sukker (superfint)

3 æg, pisket

100 g/4 oz/1 kop almindeligt mel (all-purpose)

75 g/3 oz/¾ kop selvhævende mel

75 g/3 oz/¾ kop malet ris

2,5 ml/½ tsk mandelessens (ekstrakt)

Pisk smør eller margarine og sukker let og luftigt. Pisk æggene lidt ad gangen. Bland mel og malede ris og tilsæt mandelessens. Hæld i en smurt og meldrysset 20 cm/8 gryde (bageform) og bag i en forvarmet ovn ved 150°C/300°F/gas mærke 2 1¼ time, indtil den er blød at røre ved. Lad den køle af i gryden i 10 minutter, inden den vendes ud på en rist til afkøling.

Ølkage

Til en 20 cm/8 kage

225 g/8 oz/1 kop smør eller margarine, blødgjort

225 g/8 oz/1 kop brun farin

2 æg, let pisket

350 g/12 oz/3 kopper fuldkornshvedemel (fuldkornshvede)

10 ml/2 tsk bagepulver

5 ml/1 tsk malet blandet krydderi (æblekage).

150 ml/¼ pt/2/3 kop stout

175 g/6 oz/1 kop ribs

175 g/6 oz/1 kop sultanas (gyldne rosiner)

50 g/2 oz/1/3 kop rosiner

100 g/4 oz/1 kop hakkede blandede nødder

Revet skal af 1 stor appelsin

Pisk smør eller margarine og sukker let og luftigt. Pisk gradvist æggene i, pisk godt efter hver tilsætning. Bland mel, bagepulver og krydderier og vend gradvist i flødeblandingen skiftevis med stouten, og tilsæt derefter frugter, nødder og appelsinskal. Hæld i en smurt og meldrysset 20 cm/8-pande (bageform) og bag i en forvarmet ovn ved 150°C/300°F/gasmærke i 2 2¼ timer, indtil en tandstik indsat i midten kommer ren ud. Lad den køle af i gryden i 30 minutter, og vend den derefter ud på en rist for at køle af.

Øl og dadelkage

Til en 23 cm/9 kage

225 g/8 oz/1 kop smør eller margarine, blødgjort

450 g/1 lb/2 kopper brun farin

2 æg, let pisket

450 g/1 lb/4 kopper almindeligt mel (all-purpose)

175 g/6 oz/1 kop udstenede dadler, hakket

100 g/4 oz/1 kop hakkede blandede nødder

10 ml/2 tsk bagepulver (bagepulver)

5 ml/1 tsk kanelpulver

5 ml/1 tsk malet blandet krydderi (æblekage).

2,5 ml/½ tsk salt

500 ml/17 fl oz/2¼ kopper øl eller pilsner

Pisk smør eller margarine og sukker let og luftigt. Bland gradvist æggene i, og bland derefter de tørre ingredienser skiftevis med øllet, indtil du opnår en homogen blanding. Hæld i en smurt og meldrysset form på 23 cm/9 (bageform) og bag i en forvarmet ovn ved 180°C/350°F/gasmærke 4 i 1 time, indtil en tandstik indsat i midten kommer ren ud. Lad den køle af i gryden i 10 minutter, og vend den derefter ud på en rist for at køle af.

Battenburg kage

Til en kagestørrelse 18 cm/7

175 g/6 oz/¾ kop smør eller margarine, blødgjort

175 g/6 oz/¾ kop (superfint) sukker

3 let pisket æg

225 g/8 oz/2 kopper selvhævende mel

Et par dråber vaniljeessens (ekstrakt)

Et par dråber hindbæressens (ekstrakt) Til glasuren (glasuren):

15 ml/1 spsk hindbærsyltetøj (konserveret), sigtet (sigtet)

225 g/8 oz mandelmasse

Nogle kandiserede (kandiserede) kirsebær

Pisk smør eller margarine og sukker. Bland gradvist æggene, og tilsæt derefter mel og vaniljeessens. Del blandingen i to og rør hindbæressensen i den ene halvdel. Smør og mel en 18 cm/7 firkantet form (bageplade) og del den i to ved at folde smurt (vokset) papir i midten af formen. Hæld hver blanding i halvdelen af formen og bag dem i en forvarmet ovn ved 180°C/350°F/gasmærke 4 i ca. 50 minutter, indtil de er bløde at røre ved. Lad afkøle på en rist.

Klip kanterne af kagen og skær hvert stykke i halve på langs. Saml det lyserøde og vaniljestykke i bunden og det vanilje- og det lyserøde stykke øverst, brug lidt marmelade til at holde dem sammen. Fordel det resterende marmelade på ydersiden af kagen. Rul mandelmassen til et rektangel omkring 18 x 38 cm/7 x 15 tommer. Pak ydersiden af kagen og trim kanterne. Pynt med glaserede kirsebær på toppen.

brød budding

Til en 23 cm/9 kage

225 g/8 oz/8 tykke skiver brød

300 ml/½ pt/1¼ kop mælk

350 g/12 oz/2 kopper tørret frugtblanding (frugtkageblanding)

50 g/2 oz/¼ kop hakket blandet skræl (kandiseret)

1 æble skrællet, skåret og revet

45ml/3 spsk brun farin

30 ml/2 spsk marmelade

45 ml/3 spsk selvhævende mel

2 æg, let pisket

5 ml/1 tsk citronsaft

10 ml/2 teskefulde kanelpulver

100 g/4 oz/½ kop smør eller margarine, smeltet

Udblød brødet i mælk til det er meget blødt. Bland alle de resterende ingredienser undtagen smør eller margarine. Bland halvdelen af smørret eller margarinen, læg blandingen i en smurt 9-tommers firkantet bradepande, og hæld det resterende smør eller margarine over toppen. Bag i en forvarmet ovn ved 150°C/300°F/gasmærke 3 i 1,5 time, øg derefter ovntemperaturen til 180°C/350°F/gasmærke 4 og bag i yderligere 30 minutter. Lad det køle af i gryden.

Kærnemælk engelsk kage

Til en 20 cm/8 kage

75 g/3 oz/1/3 kop smør eller margarine

75 g/3 oz/1/3 kop spæk (afkortning)

450 g/l lb/4 kopper almindeligt mel (alle formål)

100 g/4 oz/½ kop hårdt (superfint) sukker

175 g/6 oz/1 kop hakket blandet skræl (kandiseret)

100 g/4 oz/2/3 kop rosiner

30 ml/2 spsk marmelade

250 ml/8 fl oz/1 kop kærnemælk eller surmælk

5 ml/1 tsk bagepulver (bagepulver)

Gnid smør eller margarine og spæk ind i melet, indtil blandingen minder om brødkrummer. Bland mel, sukker, skræller og rosiner. Varm marmeladen lidt op, så den let blander sig i mælken, rør derefter bicarbonatet af sodavand i og vend det i kageblandingen til en blød dej. Anbring i en smurt og meldrysset 20 cm/8-pande (bageplade) og bag i en forvarmet ovn ved 160°C/325°F/gasmærke 3 i 1 time. Reducer ovntemperaturen til 150°C/300°F/gasmærke 2 og bag i yderligere 45 minutter, indtil den er gylden og blød at røre ved. Lad den køle af i gryden i 10 minutter, inden den vendes ud på en rist til afkøling.

www.ingramcontent.com/pod-product-compliance
Lightning Source LLC
Chambersburg PA
CBHW050157130526
44591CB00034B/1299